在学生的心灵中旅行

（第二辑）

于世章　著

中国海洋大学出版社
·青岛·

图书在版编目(CIP)数据

在学生的心灵中旅行. 第二辑 / 于世章著. —青岛：中国海洋大学出版社，2017. 7

ISBN 978-7-5670-1455-8

Ⅰ. ①在…　Ⅱ. ①于…　Ⅲ. ①中学教育—研究　Ⅳ. ①G63

中国版本图书馆 CIP 数据核字(2017)第 144159 号

出版发行	中国海洋大学出版社		
社　　址	青岛市香港东路 23 号	**邮政编码**	266071
出 版 人	杨立敏		
网　　址	http://www.ouc-press.com		
电子信箱	book@ouc.edu.cn		
订购电话	0532—82032573(传真)		
责任编辑	冯广明　孙宇菲	**电　　话**	0532—85902469
印　　制	青岛国彩印刷有限公司		
版　　次	2017 年 7 月第 1 版		
印　　次	2017 年 7 月第 1 次印刷		
成品尺寸	170 mm×230 mm		
印　　张	13.5		
字　　数	200 千		
印　　数	1—3000		
定　　价	36.00 元		

序　用心灵书写教育诗篇的人

于世章老师自 2001 年来青岛二中教书，至今已有 15 年了。说实话，过去我还是没读懂于老师。虽然我是他的前任数学教研组组长，我们也同事多年，也都一道研讨过“MM 教育方式”。

这次我读于世章老师送给我的书稿《在学生的心灵中旅行》第二辑，是真的被感动了。先前，只是被我说一句“他挺活泛的”就了事的于世章老师，在这里居然能看到他的一颗滚烫的心，一个博大的教师情怀，一个穿越时空的灵魂追求，一个如此宽大的视野——中学生如此地喜欢他，绝非偶然。

于老师的文笔随意、俏皮，是可以给人有回味余地的那一种，也就是写教学教育，写学校日常琐事，写学生日复一日的无奈，比如二中的跑饭之类，然而，我总可以从中读到一位教育痴心追寻者那种求真、求善、求美的呐喊。

原来，真正的教师是要用心来做的。

于老师把心灵的沟通融入他的人生，融入他的一言一行，自然也融入了他的数学教学，这种教师生活充满了幸福，这种教师当得值！

生活即教育，这是陶行知教育思想的精华，于老师 30 多年的教育生涯，是在酿制醇醇的美酒。教育原本就是对于生命的教育，教育是有生命的。教育的本质是生命的感染交流和悟化，教育面对的是生命的成长，教师的任务是用知识给学生的成长创建一个绿色的环境。人才不是用机械方法塑造的，人才是成长出来的。教育对象的“生命”成长是缓慢的、活跃的、生动的、万紫千红的。融入生活的心灵沟通之所以能如此奏效，之所以能被学生如此青睐，其根源正在于此。

于老师的第二个特点是他的大视野，他不是空中楼阁好高骛远的那种人，而是面对他的学生，面对他所在的学校和课堂，面对他作为数学教师和数学教研组长、班主任的大视野。

于老师愿意读书，读那些不断让他触及教育精髓的文章。在于老师的书籍里大量地引用了一些名人巨匠的论述，他写作的文风活泼、简练，也有名家风格。于老师宣称要“让读书嵌入自己的骨质”。不论是读他的文字，还是和他相处，这一点我是都能感受到的。

读书可以让我们走入一个不一样的世界。准确地说,读书可以给我们擦亮认识这个世界的双眼,让我们平凡却不平庸。做教师,工作之纷繁杂乱,每一位一线教师都体会颇深。然而和智者对话,和大师对话,会让我们对教学教育现状得出完全不一样的结果。于老师能在俗中看到不俗,能说出“无声之中皆教育”,能让精彩小结“锦上添花”,能在深挖细琢中体现“博大精深”,能让他的数学课充满诗情画意……这一切无不表露出于老师的人生境界的新高度,而这种教师职业的新高度离不开喜爱读书、喜爱与智者交流、喜爱与教育巨匠对话的支持。

喜爱读书交流的于老师遇上了青岛二中这本“大书”,遇上了孙先亮校长的大视野大手笔,遇上了“思想者论坛”和青岛市名师工作室,遇上了各种“直升”面试命题和主考,遇上了走班、学科讲座和游学培训,这正是人们所说的“时势造英雄”、“如鱼得水”的缘故吧。

于世章老师说过这样的话,“青岛二中是棵大树,在大树下乘凉的每个人是否应该为大树做些什么。”我想,于世章老师是这样说的,也是这么做的,他在用行动给大树浇水施肥。

于老师的第三个特点,是马上做,坚持做,做到出彩,锲而不舍,见诸课堂,见诸生活,见诸师生交流,见诸笔端,见诸微博,直至见诸全国全省全市的杂志,见诸个人的著作。

这很重要!

做,就要透透彻彻地做,默默地做。对比那些只有间或的感慨激情,对比那些缺乏鉴定人生目标、喜欢抱怨、牢骚的一族,这是一种说来平凡实则非凡的人生品质!

于老师,一位一线的数学教师、班主任、教研组长,用他的文字和同行们交流,用他的心告诉人们,教师怎样可以求真、求善、求美,数学课怎样可以做到求真、求善、求美,用他的智慧去点亮更多教师心中的灯,去诠释青岛二中为什么会和你想的不一样,这又是一件了不起的事。

让我们用真善美的眼光寻找发现身边的真善美吧!这样,你也会被真善美裹挟进来,成为真善美的追求者。

杨冠夏

2017 年 2 月

目　录

序　用心灵书写教育诗篇的人 …………………………………… (1)

第一章　我为自己高兴 …………………………………… (1)

1.1　苦难是福 …………………………………… (2)
1.2　困境求索 …………………………………… (2)
1.3　反思提升 …………………………………… (3)
1.4　再迈台阶 …………………………………… (4)
1.5　心想事成 …………………………………… (4)
1.6　不改初衷 …………………………………… (5)
1.7　追求卓越 …………………………………… (5)
1.8　不忘本职 …………………………………… (6)
1.9　凡事勤为先 …………………………………… (6)
1.10　小地球大教育 …………………………………… (7)
1.11　渴望改变 …………………………………… (8)
1.12　快乐每一天 …………………………………… (8)

第二章　我的教育思考 …………………………………… (10)

2.1　我的教学理念 …………………………………… (11)
2.2　教师应做到"七好" …………………………………… (11)

2.3 对教师爱心的感悟 …… (11)
2.4 对教育的感悟 …… (12)
2.5 对教材的感悟 …… (12)
2.6 对课程的感悟 …… (12)
2.7 为什么要孩子上学? …… (12)
2.8 什么是数学? …… (12)
2.9 蜜蜂酿蜜的启示 …… (12)
2.10 鱼牛故事的启示 …… (13)
2.11 “瓦伦达心态”的启示 …… (14)

第三章 搞不懂的二中人 …… (17)
3.1 二中学生吃饭插队吗? …… (19)
3.2 二中学生跑饭吗? …… (20)
3.3 你对二中的山水草木发出过感慨吗? …… (22)
3.4 你有过二中特色的“游学”课体会吗? …… (25)
3.5 舌尖上的二中 …… (27)
3.6 你在二中跑过楼梯吗? …… (28)
3.7 你晚自习在班级日志上留下过“墨宝”吗? …… (30)
3.8 在二中你给老师写过匿名信吗? …… (32)
3.9 你在二中参加过数学学科周活动吗? …… (33)
3.10 在二中邀请过老师观摩你的研究性学习成果吗? …… (35)
3.11 在二中你总结过自己的学习方法吗? …… (37)
3.12 老师给你留下过什么印象? …… (39)
3.13 在二中你听过老师的讲座吗? …… (40)
3.14 你在二中参加过学生组织领导人的竞选吗? …… (42)

第四章 把教书育人嵌入自己的骨质 …………………………………… (45)
4.1 入师途 广借鉴 ………………………………………………… (46)
4.2 细梳理 求发展 ………………………………………………… (47)
4.3 重阅读 勤动笔 ………………………………………………… (47)
4.4 参与就有收获 …………………………………………………… (48)
4.5 淡淡的思、从容的行 …………………………………………… (49)

第五章 无声之中皆教育 ………………………………………………… (51)
5.1 教育是无意中的有心 …………………………………………… (52)
5.2 教育是心与心的交融 …………………………………………… (54)
5.3 教育是一种态度 ………………………………………………… (54)
5.4 教育是一种期待、一种激励 …………………………………… (55)
5.5 教育是一种欣赏 ………………………………………………… (56)

第六章 解开人们心头的困惑 …………………………………………… (57)
6.1 学科使命的提出 ………………………………………………… (59)
6.2 双优工程的实施 ………………………………………………… (62)
6.3 “思想者论坛”开坛了 …………………………………………… (64)
6.4 不得不说的小事情 ……………………………………………… (65)
6.5 走班制可恶吗? ………………………………………………… (67)
6.6 先行先试立潮头 ………………………………………………… (69)
6.7 你相信吗? ……………………………………………………… (71)
6.8 品桑茶 …………………………………………………………… (72)
6.9 做有情怀的老师 ………………………………………………… (73)
6.10 辛苦后的喜悦 ………………………………………………… (75)
6.11 二中赋予每个人张扬个性的机会和权利 …………………… (76)

6.12 天文社秘书长 ………………………………………… (77)
6.13 毕业生如是说 ………………………………………… (79)
6.14 他为什么执着 ………………………………………… (81)

第七章 读书与交流 ………………………………………… (85)
7.1 从阅读中悟道 ………………………………………… (86)
7.2 我读《走笔岁月》………………………………………… (89)
7.3 反馈 ………………………………………… (91)
7.4 别样的交流 ………………………………………… (93)
7.5 听于世章老师做报告 ………………………………………… (95)
7.6 信仰的力量 ………………………………………… (97)
7.7 实话实说 ………………………………………… (98)
7.8 相遇在文字中 ………………………………………… (100)
7.9 再俗上一把又有何不可呢? ………………………………………… (102)
7.10 “老班”新传 ………………………………………… (104)
7.11 一次有意义的活动 ………………………………………… (106)
7.12 偶然的收获 ………………………………………… (107)
7.13 迭代式深度交流后的一朵“小花” ………………………………………… (110)

第八章 牛津研修 ………………………………………… (112)
8.1 心向往之 ………………………………………… (113)
8.2 牛津欢迎我吗? ………………………………………… (114)
8.3 牛津的早晨 ………………………………………… (115)
8.4 没理由不喜欢 Julie 的课 ………………………………………… (116)
8.5 如何上课 ………………………………………… (118)
8.6 牛津研修偶感 ………………………………………… (119)

8.7 刻板守时的英国人 …………………………………………… (120)
8.8 可爱的英国人 ………………………………………………… (121)
8.9 别样的交流 …………………………………………………… (122)
8.10 仅是在做游戏吗 …………………………………………… (124)
8.11 她们很尽力 ………………………………………………… (126)
8.12 地球太小了 ………………………………………………… (126)
8.13 再说几位老师 ……………………………………………… (128)
8.14 老师应该站在哪里? ……………………………………… (130)
8.15 Hili 的观点值得借鉴 ……………………………………… (132)

第九章 足迹 ……………………………………………………… (135)
9.1 作业 …………………………………………………………… (136)
9.2 尊重选择 ……………………………………………………… (138)
9.3 学生是需要老师认识自己的 ……………………………… (139)
9.4 老师给同学们的印象 ………………………………………… (141)
9.5 终于明白 ……………………………………………………… (142)
9.6 追梦 …………………………………………………………… (144)

第十章 二中的面试 ……………………………………………… (146)
10.1 别开生面的录取方式 ……………………………………… (147)
10.2 虎头蛇尾的面试 …………………………………………… (150)
10.3 又到保送大学时 …………………………………………… (151)
10.4 关注 ………………………………………………………… (154)
10.5 古今两道题,面试起争锋 ………………………………… (157)

第十一章 心语 …………………………………………………… (158)
11.1 崇拜别人不如打磨自己 …………………………………… (160)

11.2 仔细梳理 …… (161)
11.3 值得玩味的故事 …… (164)
11.4 在感动中度过每一分钟 …… (165)
11.5 打不通的电话 …… (166)
11.6 愿倾听你心中的“天籁” …… (169)
11.7 教师节大会发言 …… (170)
11.8 为什么要送孩子上学? …… (172)
11.9 别样的春节礼物 …… (173)
11.10 我的收获 …… (174)

第十二章 数学课堂诗性化的实践与探索 …… (177)
12.1 良好的开端是成功的一半 …… (178)
12.2 将数学史志教育和数学家人品教育融入课堂 …… (179)
12.3 口诀式的教学常会收到意想不到的教学效果 …… (180)
12.4 精彩的小结会为数学课堂锦上添花 …… (181)
12.5 深挖细琢中体现数学的博大精深 …… (182)
12.6 论椭圆 …… (185)

第十三章 做家长当如此 …… (188)
13.1 做家长当如此 …… (189)
13.2 他上了北大 …… (190)
13.3 家长开放日 …… (192)
13.4 家长如是说 …… (195)

跋 在教书育人的多彩世界里拨动心灵的琴弦 …… (197)

第一章

我为自己高兴

很久就有一个想法，一直处在理还乱的状态中——我喜欢自己的职业吗？大半生的教育历练，无数次的观点碰撞，终于，在五十而知天命，虽仍发奋忘食但荣辱已经淡然的某个时间节点茅塞顿开，仿佛突然间明白了许多，寻到了答案。于是，把思考沉淀后的感悟记载下来，既是鞭策，也是寄托。

1.1 苦难是福

出生在困难时期的我，虽说小时候缺衣少食，却也没怎么挨饿受冻。在只有小学文化的父亲和扫盲班毕业水平的母亲呵护下，渐渐长大成人。

父亲当过几年兵，在村里算见过世面的人，对自己的后代成长格外关注，可能是太想改变家庭面貌的缘故，对孩子寄予诸多期望。

那个年代，细粮少得可怜，地瓜干有时也难以为继，父母不得不为了家庭的温饱去亲戚家借粮。艰难困苦中父亲仍然很乐观，他豫剧唱得挺好，时不时地哼上几句，这给贫瘠的家庭带来不少欢乐，对我的成长也影响很大。艰难的时刻，家里仅有的几棵已成材的树还是做出了“牺牲”，换钱保温饱，就这样，学习才得以继续。

改革开放的前夜，升学由推荐改成了考试，于是，我顺利考上了乡里的中学，后来被推举到县里的师范学校读书，再后来考上了大学，我毫不犹豫地选择了师范学院，毕业后在一线教学，30 多年如一日坚持至今，我为自己高兴。

1.2 困境求索

记得，毕业之初响应国家号召，义无反顾地去了一所农村中学报到。受经济、社会发展等限制，学校教学设备极不完善。除了必备的白色粉笔敞开供应外，教师所用备课本是不能随便领取的，连晚上办公点灯用的煤油都是定量供应。为节省开支，晚上改作业不得不两位老师一盏罩子灯，全班几十个同学点一盏汽灯照明，其他教学设施可想而知。1983 年防地震期间，每班自制一个大布棚，大家就在棚下读书学习。环境虽艰苦，却能“斗志昂扬歌不断”。这样的坚持，使我得到历练，自此开始了专业追求，且乐此不疲，我为自己高兴。

1.3 反思提升

刚毕业时，和一帮小不了自己几岁的学生在一起，是师生亦是朋友。为了带好班教好课，备课是需要下功夫的。白天忙于上课，班级管理，给学生谈心。晚上静下来专心备课，不仅备课本上写得工整有加，还利用自己住一个房间的便利，把宿舍墙面当黑板，一遍遍演练，不断地优化设计，直至自己满意为止。这样的坚持，不是一段时间，而是按年来计算。已难以说清当年的激情源泉所在，说责任心使然确实有点过，那时年轻，还没有想到应有的担当；说上进心驱使，倒不如说有一颗争强好胜的心存在。

一节课顺利地上下来，师生皆大欢喜。若哪节课学生不能完全听懂，眉头紧皱，收获欠佳，自己心里也痛快不起来，就算是吃饭也是没滋没味的。一有这种情况出现，马上反思自己从备课到上课的全过程。长期坚持，居然成了教学必备的环节之一，且使自己收获多多。

记得在“创意课堂”结束后的教学反思中写道：

应该说整个创意是比较新颖、别具一格的。毕竟是“创意课堂”，总要有些新东西出来，不应该墨守成规，穿新鞋走老路，这样才能符合学校要求、贴合主题。怎样将校领导的良苦用心，在自己的课堂上有所体现，我想到以点带面，让学生紧紧抓住字母 a，然后展开自己的想象空间，信马由缰，无拘无束，去完成心中的“点石成金”之梦。目的只有一个——培养学生的发散思维能力。

本来想象中的课堂应该是热烈的、主动的，毕竟是自己选择的上课班级，印象中的 16 班活泼好动，课堂氛围一直很好，可今天由于听课的老师较多，加上对环境不甚熟悉，整个课堂氛围不像想象中的那样令人称道。也难怪,学生在大众场合下有所拘谨很正常。

一路走来,反思多了,看似不起眼,教学却渐渐地丰满起来,我为自己高兴。

1.4 再迈台阶

随着时间的推移,业务熟练了,期望也高了,阴差阳错地加入了大部分由老教师组成的课题团队。尽管不知道课题的神秘所在,也不知道如何写课题报告和实验方案,但参与热情和循规蹈矩的做事准则,使自己在团队中找到了用武之地。课题组长要求怎么做,做到什么程度,我都遵照执行且执行到位。

若干年过去了,自己从当初团队中的毛头小伙,成长为课题组领军人物。所承担课题,有市级的,省级的,也有国家级的;不仅自己做课题,还带动一帮年轻教师参与,自己在收获,年轻人在成长。

课题研讨的同时,也在关注平常教学中的“小事”,把小事情梳理升华,提炼成教育观点,于是,慢慢有了自己的教育思想,我为自己高兴。

1.5 心想事成

“这个世界很大,机会确实很多,然而这个世界也很小,机遇又极为难得。”经过十几年教学历练的我有些不安分了,想去外面的世界争取一些发展机遇。《中国教育报》上的一纸招聘广告引起了我的注意,于是悄悄地将报纸珍藏起来,拿回家和妻好一番研讨。说来惭愧,作为一家之主的我,在这件事情上反倒没有妻想得远,她的支持给了我信心,于是,我来青岛二中应聘了。当初,想法很朴素,就是为自己找一个好的生存环境,为孩子的成长奠定一个良好的发展基础。没想到,竟然心想事成。我开始了另一个圆梦之旅,我为自己高兴。

1.6 不改初衷

“因为你在诚实地生活，在认真地工作，在挣得你应得的一份，在享受社会应为你提供的那一份快乐。”我每天快乐地工作，认真地备课、上课、辅导、批改作业。时间一长，居然有了写作的冲动，于是，将自己教学中的所思所想所感所悟，写成一篇又一篇短文，看着像样点的和观点鲜明的文章，就寄给杂志社。承蒙社里老师抬爱，一篇篇铅字文章不断刊出。尤其是《中国教师》编辑部的老师们给予我诸多鼓励，几篇文章陆续刊出。长期地坚持，居然整理出了一本书——《在学生的心灵中旅行》，在青岛市教育局教育基金会的资助下顺利出版。有了引领，一发而不可收，坚持写东西的初衷没有动摇，近四年来的写作，又有了新的目标，计划出版自己的另一本书——《在学生的心灵中旅行》(第二辑)，既是给自己一个交代，也是在记录二中的生活，若设想不能变为现实，会仍然坚持初衷，我为自己高兴。

1.7 追求卓越

进入二中，遇到了具有大视野的孙先亮校长，听他的报告虽不能说如雷贯耳，却能够给人留下研判的空间。和他交流不见上下级的咄咄逼人，却有同事间的观点交锋。作为校长的他不刻意要求老师们教学之外再做什么，可不管多大年龄的老师都有自己的孜孜以求，这不仅是他的个人魅力所在，更是思想的一种引领，因为他心里清楚每个人需要怎样的发展。就拿他倡导的“思想者论坛”来说，他在第一位“坛主”的选择上很有自己的观点：

于世章老师是第一个吃螃蟹的人。因为这是非常有高度的一个论坛，大家都不想接这个“招”。学校在反复推敲第一个“坛主”时，首先想到了于世章老师。这不仅是因为他有自己独特的教育教学经验和素养，而且因为他更是一个善于思考的人和敢于创新的人。他的思考变成文章经常见诸报端,其中不乏对于教育的真知灼见。当找到他时,他也是非常为难,但由于是一项开拓性的事情,因此,还是愉快地接受了挑战,成功地举行了第一次思想者论坛。在点评中我曾经说过:一位优秀教师的成功首先是做人的成功,于老师爱学校更爱自己的事业,正因如此,他才会对教育有自己的理解和执着追求。

有这样的领导了解你理解你,还有理由不追求卓越吗?我为自己高兴。

1.8 不忘本职

好像职称高了,荣誉多了,交往的圈子也大了,对于政治面貌还是群众的我,有人建议加入民盟,有人建议做无党派……即使现在,诸多的兼职,都是行政命令而来的。凡是兼职,都是需要时间和精力付出的,我能做到吗?作为普通教师的我有多大能力,吃几碗干饭,我心里最清楚。我就是个老师,我的工作性质注定了我的工作重点,教好学带好学生是我的本分,其他没有奢求。我高兴自己的坚持,高兴自己的工作,高兴自己的平凡,高兴自己的适得其所,高兴自己能左右自己,高兴自己百无聊赖中的闲暇时,还能写点东西,不想对别人施加影响,只求自己心灵安慰。我为自己高兴。

1.9 凡事勤为先

教育无小事,事事关乎孩子的成长。从在校的一日三餐,到各项行为规范,作为教师都应该给予关注。到教室看看,去宿舍转转,找学生聊聊,这都是发现问题,提炼观点并使其升华沉淀的好机会。实践证明,多年来养成的“毛病”,不仅不是病,还使自己收获多多,积累颇丰。

记得,刚走进二班教室,班干部请求我为二班同学写几句话。“没头没脑”的要求,弄得我一时手足无措,不知如何是好。

细问情由,原来是学生搞了一个活动,评选心目中的好老师,好像我榜上有名。为这事，班会上要进行互动，其中有个环节，师生彼此说说心里话。要求不过分，就答应了下来。于是，有感而发写下了如下的心语：

愿倾听你心中的“天籁”

略显庸俗的教学，不乏生命的激昂。知天命的我，“阴差阳错”般地和二班同学相遇，吾幸他幸？

缘分所至，和一帮有鸿鹄之志的青年在一起，青春自然焕发，何况还要携手走过人生中一段难忘的旅程，他幸吾幸？

为师，不会因了社会上太多的浮华之声，而忽视了对你们纯真声音的倾听，也不会因了教学过程中的沟沟坎坎，而忽视了对你们内心世界的体会，既然接手，责任自在肩，我会用心感受每个生命中真实世界的“天籁”。

回应是积极的，感动留在了师生心间，我为自己高兴。

1.10 小地球大教育

毕业多年的学生组团来校看我了，其中就有张沛，还带了礼物——我和他的合影。2012年的暑假，我在牛津大学培训，他在该校进修，彼此没有信息沟通，却幸运地在牛津街头相遇，留下了这张珍贵地合影。“于老师！不得不相信缘分这个东西，我一直觉得我是一个很幸运的人，从小到大所跟从的老师，无一不是德才兼备的，在我的眼中，您并不像别的老师时不时敲打我们，给我们压力，但您总是在我们最需要帮助、最需要纠正、最需要安慰的时刻，发自内心地给予我们谆谆教导。”学生的话发自心底，也让从事教育30多年的我敞亮了许多。学生是幸运的，和这帮聪明的孩子在一起，老师也是幸运的。在遥远的异国他乡，一块陌生的土地上，一个喧闹的街道中，师生竟然面对面地碰到了一起，能不为“小地球大教育”而自豪吗？我为自己高兴。

1.11 渴望改变

不知是什么缘故,面部神经出了点问题,且越来越严重,到了不动手术就影响生活质量的地步。2016 年暑假前,已联系了医生,一放假就去了北京。这么着急地动手术,就是想在暑假期间把病治好,下学期开学后,不耽误或少耽误学生的课。手术不能算成功,面部神经治好了,左耳朵却听不见了,本是健全人,功能有了缺失,一下成了"残疾人",让人一时无措,一个烦恼换成了另一个无奈。亲戚朋友的好言相劝不绝于耳,"你的病是工作累的,以后要悠着点!""你的病是电脑用得多造成的,以后要少接触!"如此等等。问主治大夫,答:"至今医学上病因不明。"并再三道歉:"于老师,本来想给您治病,没想到给您添了乱。抱歉抱歉!"大夫是好心,出了意外,且不可逆转,病人不接受又能怎样呢!既如此,暑假后开学正常上班,一如既往地工作在自己的岗位上。一年多过去了,平衡恢复挺好,听力依然为零,我越发地期望,在后续的工作中,听力能有所恢复,真正改变一只耳朵定位不准确的苦恼现状。凭这种心态,我为自己高兴。

1.12 快乐每一天

小孙子一岁半,走路已很稳,又有新"追求"——咿呀学语。大人说句话,他就跟着学。朦胧的发音,给一家人带来无尽的欢乐。有时,孙子念念有词着急上火的样子,很难让人琢磨透他的真正意图,就算有一帮"热情的翻译",词不达意的时候在所难免。于是,边哭边说手舞足蹈式的抗议,给一头雾水的大人们,带来新一轮的欢声笑语。由此,想到做人做事,不应太较真,有时糊涂,因为那是难得;有时听不清,那是福分,因为不必凡事入耳;这就像一日三餐,最好能有点粗粮点缀,快节奏的工作也该有休闲时刻。学学小孙子,快乐每一天,我为自己高兴。

我为自己高兴,因为我的努力取得了骄人的业绩;我为自己高兴,因为

“我贴在地面步行，不在云端跳舞”，活得踏实；我为自己高兴，因为我有一帮理解我的同事领导，环境和谐工作开心；我为自己高兴，因为我不奢望达不到的目标，可能做不到“无欲则刚”，起码不会迷失自我；我为自己高兴，和聪明的学生在一起，总能收获一个又一个的惊喜，让我增长了许多智慧；我为自己高兴，和小孙子在一起的笑声绝对是从心底而来，那个天伦之乐呀总也享受不够。我为自己能问心无愧地做事而高兴！

（原文发表在《中国教师》2016 年 9 月，标题和部分内容有改动）

第二章

我的教育思考

2.1 我的教学理念

汲取广博的知识，为教学工作铺路架桥，这是不竭的源泉；用智慧和爱心去点燃学生的梦想，和学生一起充满信心地放飞未来，这是圣洁和纯真；关注个体尊重所有，携手并肩达到完美的境界，这是我的祈求；精益求精上好每节课，让学生在动手和动脑中学到知识，这是开放教学的硕果；公正严明，创造窗明几净的学习环境，使学生在良好的氛围中体会成功，这是我的必须；面对教学、育人、科研没有别的选择，我将义无反顾地走下去。

2.2 教师应做到“七好”

读好一本教育理论专著，为自己的教育教学提供理论上的支持；

设计好一份教案，为规范自己的教学行为提供保证；

上好一堂公开课，为自己的教学技能奠定基础；

带好一个班，为自己的班级工作积累经验；

写好一篇教育科研论文，为自己的教科研铺平道路；

辅导好一门选修课，为自己的专业发展积蓄能量；

写好一篇教学反思，为自己的发展校正航向。

2.3 对教师爱心的感悟

教师的爱是伟大的，但她却有别于母爱；

教师的爱是无私的，但她却是理性的；

教师的爱是超越时空的，但她却告诉你距离，产生“威”和“信”；

教师的爱是宽广的，但她却润物于无声之中；

教师的爱是公平的，但她却要关注个体差异；

教师的爱是苛刻的，但她却是赏识的。

2.4 对教育的感悟

教育没有想象的那么复杂,把简单的事情做好,利于学生健康成长,这就是教育。

2.5 对教材的感悟

教材,其实就是教学的材料,是对“课标”的细化。教材应该有多种版本,供学校选用。

2.6 对课程的感悟

只要是对学生成长有益的学习计划或设计方案(包括学习材料、学习环境、学习工具、学习手段的使用等),都应该是课程。

2.7 为什么要孩子上学?

选择一种表达生命的方式,或者说寻找一个体现生命价值的渠道。

2.8 什么是数学?

大家曾说,数学是研究数量关系和空间形式的一门科学。我说,数学其实就是符号(含图形)游戏。读题是输入,思维是运算,写出来其实就是输出。

2.9 蜜蜂酿蜜的启示

蜜蜂酿蜜需要远距离飞行,要把采集的花粉酿成蜂蜜是一件非常繁杂、辛劳的苦差。“把采来的花朵甜汁吐到一个空的蜂房中,到了晚上,再把甜汁吸到自己的蜜胃里进行调制,然后再吐出来,再吞进去,如此轮番吞吞吐吐,要进行 100～240 次,最后才酿成香甜的蜂蜜。”人们喝到的是蜜蜂周而复始单调劳动后的成果。

这就提出一个问题，若仅有蜜蜂忙忙碌碌，甚至不得片刻清闲就能酿出蜜来吗？答案是否定的。蜜蜂的可贵之处就在于将采集的花粉，经内化变成了人们喜欢的蜂蜜。

学习与蜜蜂酿蜜好似风马牛不相及，表面看起来根本就扯不上关系，仔细想想还是有相同之处。比如都需要刻苦、需要坚忍不拔、需要锲而不舍、需要反反复复，需要在单调的氛围中持之以恒，这真需要本能的精神支撑。

话说回来，若不能将蜜蜂酿蜜的内化环节学到手，不能从中有所感悟有所收获，就算是做到早起晚睡，片刻不停地去学习，也很难取得好的学习成绩。

家长不是经常有这样的疑问吗？孩子平常的学习还可以，课上能跟上老师的进度，也能听懂老师所讲的知识，课下能读懂书上的内容，也能明白其中的道理，可是孩子做起作业来还是无所适从，既找不到解题思路，更不知道出现这种局面的根源在哪里。

有经验的老师会一眼看出问题所在。学生上课能跟上老师的进度，听懂老师所讲的内容，并不代表学生学会了。因为你听懂的是老师已有的知识，要把老师所传授的知识变成自己的东西，就要像蜜蜂酿蜜一样，需要一个内化的过程。若缺少这一环节，说“听懂了”“学会了”都是自欺欺人。同样道理，课下从能把书看懂，到把书上的知识彻底掌握，这也需要一个过程。看懂还需理解，理解还需反复，反复中才能提升。若仅仅是把编者的意图看懂后，就下断言说自己学会了，说明你离学习的高境界还有很长一段路要走。

蜜蜂是在酿蜜，更是在酿造生活。学习是在充实自己，更是在体验充实自己的过程，单从这一点上说，学学蜜蜂又何妨！

2.10 鱼牛故事的启示

我在平度师范集中培训时，对德国一则“鱼牛”的童话故事产生了兴趣，不仅记录下来，而且还有了自己的思考。

故事的梗概如下：在一个小池塘里生活的鱼和青蛙，是一对好朋友。它们听说外面的世界好精彩,都想出去看看。鱼由于自己不能离开水而生活,只好让青蛙一个人走了。这天,青蛙回来了,鱼迫不及待地向它询问外面的情况。青蛙告诉鱼,外面有很多新奇有趣的东西。“比如说牛吧,”青蛙说,“这真是一种奇怪的动物,它的身体很大,头上长着两个犄角,吃青草为生,身上有着黑白相间的斑点,长着四只粗壮的腿,还有大大的乳房。”鱼惊叫道:“哇,好怪哟!”同时脑海里即刻勾画出它心目中的“牛”的形象:一个大大的鱼身子,头上长着两个犄角,嘴里吃着青草(如右图)。

若不深入思考,这也就是一个故事而已,时间一久会忘得一干二净。但于从事教学的我来说,却联系到了课堂教学。

大家知道,数学课堂教学的任务之一,就是培养学生们的想象力,教学中的满堂灌,课堂上的一言堂都是不可取的。若不能做到让学生身临其境亲自实践,这种能力的培养往往是要打折扣的。时常有老师会说:“这次考试,有课堂上讲过的原题,学生都不会做,真是无语了。”试想,老师讲过的题目学生都应该会做吗? 不一定,老师讲过、到学生学会需要一个过程,需要学生在动手动脑中,把老师教授的知识内化于心,否则只会是一知半解,考不好做不对也就在情理之中,出现类似“鱼牛”的故事也就不足为奇了。

所以,会教学的老师,善于调动学生的积极性,既能让学生参与其中享受快乐,还能做到让学生主动思考、经历过程、印象深刻,这大概是教学的“奥秘”之一吧。

2.11 “瓦伦达心态”的启示

什么是“瓦伦达心态”呢? 它来源于一个真实的故事。瓦伦达是美国著名的高空钢索表演者，在一次重大的表演中，不幸失足身亡。他的妻子在事后说，我知道这一次一定要出事，因为他上场前总是不停地说："这次太重要了，不能失败。"而以往他却不是这样。每次表演之前，他只想着"走钢索"，并专心为此作准备，根本不去管其他的事情，更不会为"成功"或"失败"而担心。

后来人们就把专心致志于某一件事情，而不去管这件事情的意义和结果，不患得患失的心态，叫作"瓦伦达心态"。

美国斯坦福大学的一项研究也表明，人大脑里的某一图像会像实际情况那样刺激人的神经系统。比如当一个高尔夫球手击球前一再告诉自己"不要把球打进水里"时，他的大脑里往往就会出现"球掉进水里"的情景。这一情景会指挥他的行动，致使事情不是朝他希望的方向发展——这时候，球大都会掉进水里。

现实生活中的"瓦伦达心态"更多：刚学会骑自行车，总想在大家面前表现一下自己，以证实自己确实学会了骑自行车，于是，在众人的喝彩声中上路了。这时心里一定会想：我一定要好好骑车，骑出水平、骑出自信，我要成功，要将自己美好的一面展现在大家面前。行进中突然发现路中央有一根水泥桩子，心里已有几分发怵，不停地告诫自己，一定要避开水泥桩子。结果呢，还是迎面撞上了桩子。之所以出现这种局面，原因就是在不停地告诫自己不要撞上水泥桩子的同时，大脑里已经有撞上水泥桩子的影像，这种影像根植于大脑，使行动向自己不希望出现的方向发展。生活中很多类似事例进一步证实了"瓦伦达心态"。

文章开头提到的问题，在这里能找到合理的解释。学生平常的成绩可能相当优秀，可在关键考试中，却没有取得期望的成绩，其原因之一，就是"瓦伦达心态"在作怪。可能就是觉得这次考试太重要了，不允许有半点失误，抱着"愿上苍保佑我成功"的心态上考场，因此而失败。

怎样才能避免这种现象出现呢？对下面的情况分析也许能有所启发。

每年高考都会出现这样的局面:从考场出来,有的学生笑容满面,有的学生愁眉苦脸,更有甚者,个别学生失声痛哭。

分析后发现,部分愁眉苦脸的同学都是平常成绩不错的,认为自己经过多年的拼搏,理所当然地应该考出好成绩,好像好成绩非自己莫属,好成绩才能对得起自己。带着这样的心态上场,发挥不出自己期望的水准也是大概率的事情。而那些笑容满面的同学,有部分是平时成绩不怎么突出的,带着平和的心态,尽自己最大努力做好每一道题目,只要考场上不留下什么遗憾即可。恰恰就是这样的平常心,才有了人们常说的超水平发挥。由此可见,抱有一颗平常心,坦然面对即将发生的事情,该吃的吃,该喝的喝,该睡的睡,很可能奇迹就会发生。

第三章

搞不懂的二中人

“二中人”,广义来说,在二中学习工作过的人都应该算在这个范畴之内。狭义一点来说,现工作在二中并为之奋斗的教职工,和正在校学习并为挑战未来积蓄资本的二中学子,都应该是二中人,这一群有思想有抱负的人,在校园里演绎精彩人生。

一所学校,能让走过的人念念不忘并为之骄傲,自然有过人之处。有人说:“二八年华入校,开始筑梦心中,不管怎样就是爱这里”;“从前只能仰望,如今其间徜徉,梦想照进现实,我却能拾阶而上。”有人说:“钟楼上钟的指针多年不走了,可我对二中那颗祝福的心时刻在跳动,静思湖水流动得慢了许多,我却能在品味中不断拨正追梦的方向。”有人说:“昨天,你是我的憧憬;今天,你是我的舞台;明天,你是我记忆中最美的地方。”有人说:“三载寒暑,沐浴恩泽。未臻至善,但无一刻不曾勤恳努力,不敢有所懈怠。对我而言,‘青岛二中’四个字不仅珍藏了无数珍贵的青春记忆,更是一种神圣的力量和指引,鞭策我将‘造就终身发展之生命主体’铭记于心,将‘领先一步,追求卓越’变成一种习惯,将‘山海之间,仁智为德’内化成自觉的追求。无论我走到哪里,我都愿意骄傲地宣称我来自青岛二中,并为能享受这份属于二中人的荣耀而永怀感激。”有人说:“青岛二中只是我们人生中的一站,二中能做的就是给予我们高中三年良好的教育和锻炼,然后放我们高飞,之后凡事种种都看自己的奋斗了。”也有人说:“离开学校整整两年,在外面也一直很关注二中的变化和发展,每次跟人提起‘我是青岛二中的’都有点小小的自豪,我所知道的二中学长学姐学弟学妹们进入大学走进社会都是各行各业优秀的人才,更是我们的榜样。‘造就终身发展之生命主体’、‘敬教乐学育人报国’这两句话恐怕我要记一辈子了,同时还要在记忆里珍藏午山脚下的三年高中时光。好啦不矫情了,二中有多好,只有你经历了才知道。”

就是在日日朝霞的光芒中,二中人在思考、在探索、在耕耘,在校园的奇山秀水中铺陈三年乃至一生的画卷。这样的一群人,他们在二中或曾经在二中生活得好吗?

3.1 二中学生吃饭插队吗？

这种现象绝对存在。不仅过去有，现在有，将来也很难杜绝。

有同学为了中午饭不被“插”得太狠，不仅动过脑子，应用数学知识进行过计算，而且还付诸行动，留下“如飞”的身影。

一下课就飞奔食堂，不仅是队排的靠前，还减少了被“插队”带来的风险。如若不能排在队伍前头，根据统计学原理，10 米长的队伍，你站在两米远的地方，被插队的概率是 2/5，10 米以外可就有点惨了，所以“跑饭”不仅是为了能早打上饭，更是为了减少被插队带来的烦恼而已……

插队是一种现象，一种非常不文明的现象。“理直气壮”的插队，自然会招来白眼，“温柔”的插队就显得“艺术”了许多。

我极少插队，即使队伍很长，也宁可站在后面自己排，除非是时间真的来不及，或者插队的太过分，我才会非常羞愧地、难为情地走到前面同学面前，把卡给他：“我不想插队，但是能请你帮我打份饭么？我来不及了，我只插卡，不插队……”

温柔中还是下了“杀手”，谈笑间灰没飞烟未灭，饭已到手。

有些人插队是“盛情难却被动接受”而已，有些人插队就有些“霸道”成分包含其中，说“蛮不讲理”有些过分，起码心理学应用到位，都是“熟人”，为这点“小事”，谁又好意思当众指责呢？

有些人被插队不仅学会了不生气，还能辩证地进行思考问题。为什么呢？因为“也干过这个缺德事，无脸谴责别人”，只能“忍气吞声”，“翻翻白眼”而已，默默排队的过程中切实体会到“己所不欲，勿施于人”道理。

一日三餐是常事，更是大事。嬉笑间，你好我好的背后，反映的是一个学校的校风。插队，从小的方面来说，是一个人素质欠佳；从大一点范围来谈，是缺乏集体观念的表现。从做事为人来说，虽算不上“恶”却不应该为。

想早一点吃上饭的心情大家都是相通的，为什么把自己的方便建立在别人的不满之上呢？排队买饭，看似小问题，却显高素质。少年不知愁滋味，为何插队把人求？

“最近发现吃饭插队的现象少了许多。不知是因为中午奔饭速度提升的缘故，或好几次不去吃饭的事实所在，或学校加强管理所致，或大家真真切切认识到了插队不是我所好的大彻大悟……这些都不重要了，反正出现了令人欣慰的局面。”

3.2 二中学生跑饭吗？

毋庸讳言，只要在寄宿制学校上过学，不论是初中、高中还是大学，生活在其中的主角——学生，一般来讲都有过跑饭的经历，这种现象肯定不是二中独有。

有同学在谈到跑饭时体会深刻：

“胃有多饿，脚步就有多快；心有多大，舞台就有多大。有了跑饭，生活很轻松！”

“别看我成绩进不了前一百名，跑饭却绝对是前一百名还绰绰有余的。如果按跑饭成绩保送，我至少也可以去名牌大学。值得骄傲的成绩是跑过二楼煎饼果子第一名，三楼拉面最前端，虽与一贯狂奔的‘总冠军’比略有差距，起码获得过若干个‘单项冠军’。”

“一直以来坚持在跑饭路上不离不弃，与跑饭志士的探讨交流中，集思广益，博采众长，整理出实战性强、接地气的一套跑饭方案。”

这些虽说是笑谈，却也从某些方面反映出跑饭的现状。

记得在上公开课“生活中的排列组合”时，学生根据自己的理解，凭借无限的想象力，将息息相关的人和事，用诗歌形式抒发出来，其中就谈到了二中学生的跑饭，读来有趣。

入夜，星河灿烂，繁星满天，是有序的排列，还是无序的组合？

海面，浪花点点，卷起千堆霜雪，是无序的组合，抑或是有序的排列？

春花，夏草，秋风，冬雪，周而复始地排列成明媚的年岁。

姹紫，嫣红，五光，十色，不知疲倦地组合成绚烂的世界。

入眼的是红瓦绿树碧海蓝天排列出的二中校园。

铭记为课堂，跑饭，午休，自习组合出的青春年华。

茫茫人海中，冥冥的命运将我们组合，而我们的组合定会排列出华美的篇章。

莘莘学子，我们是你们守候的组合，而辛勤的园丁，亦是我们期待的排列。

跑饭成了生活的一部分，成了青春年华亮丽的一道“虹”。

为了治理不够雅观的现象，学校没少想主意，包括与班级量化挂钩，加强检查严格管理，错时吃饭制度的建立等。

说起错时吃饭制度的建立，还曾引起过不小的波澜。当班长领会完会议精神，在班内传达完毕之时，不满的情绪就咆哮起来：“什么垃圾制度？”“凭什么让她们先我们10分钟吃饭？”

（王婉宁绘）

相左的观点也是不依不饶，火药味十足：“晚一点吃饭能怎样，能死吗？学校恐怕是害怕跑饭途中出事才这么干的吧？为了这种事情咋呼有意义吗？……”

更有学生带着调

侃的口吻说道:"'万兽狂奔'的景象我早就不能忍受了……这措施挺好的。"

有女同学提出来:"嗯……从一个妹子的角度来看……其实局面不会从根本上改变,吃饭的早晚还是完全取决于你的奔跑速度与老师的下课时间,并不取决于制度本身。"巾帼观点就是高人一筹。

"想早吃饭逃课不就是了?没有改变规定的能力也没有违反规定的勇气就好好地顺从,不要当 loser。"愤愤不平的同学还是给制度反对者指出了一条"明路"。

制度既已颁布,接着就是执行。一段时间的实施后,跑饭现象杜绝了吗?这样问好像对制度太过苛责,若改问:跑饭现象减少了吗?答:依然故我。

3.3 你对二中的山水草木发出过感慨吗?

二中校园内的慈龟山,算不上巍峨,却别有风骨。静思湖年复一年的流淌,波澜不惊中却能宁静致远。日晷仍然默默地测量着每时每刻的太阳光高度,无论人们关注与否,它一刻也没有停下自己的工作。地理园虽没有了往日的朝气,却留下了熙熙攘攘参观者的脚印。生态园的变化总是不停地调整着人们的视神经,由于群猪被赶出了园地,不仅生气缺了不少,种植园的土地也在呼唤绿色肥料。满校园的银杏树,夏日清凉,秋日遍地金黄,饭后漫步其间,期待景

(王婉宁绘)

色常驻。独有的一级级台阶，不仅让人体会攀登的艰辛，更给人立下登高望远的信心。樱花道上，初春盼绿，稍后赏美，单双樱的相继开放，让行走其间的人伴着风儿呼吸清香。

这就是二中的山山水水，工作在二中是件让人幸福的事情。二中是我家，我爱我家，于是，在空闲时间，将自己的思绪整理，写成如下的《我爱我家》：

我爱我家

午山宽厚的臂弯里
装满了近三千师生的欢笑
却装不下学子们要飞翔的梦

校园内算不上巍峨的慈龟山
独自经风历雨
一抹抹绿色显出昂扬生机
国旗下拳头紧握
敬教乐学育人报国
成了我们共同守护的灯塔

教学楼里朗朗的读书声中
已绽开我们的希望之花
这就是我的校园我的家

我爱我家　因为
这里　有我的春华秋实
这里　有我的冬雪夏花

就算我是家的过客

家也永远是我心灵的港湾
毕竟在家我种上了梦想　早生了华发

工作在其间的老师如此,生活在其中的学子更是对二中情有独钟。记得在“写给二中的三行情书”活动中,《二中人》报在显要位置登载了当时高二(13)班郭润佳同学的诗歌《二中四时咏》,全文如下:

二中四时咏

早春归。静思湖波映柳依依。
兰芳叶嫩莺啼喜。
今年好景,韶光怎负,与我换春衣。

夏初知。日长不畏少佳思。
清欢午盏邀相试。
桃夭满路,引蜂蝶戏,携卷惹生机。

遇秋期。子规啼血燕将归。
潇潇只恐轻折翠。
幽香暗递,满颊甜脆,惊喜遇芳菲。

既冬觌。梦惊寒晓外犹黑。
枝头已吐新梅蕊。
丹心热血,当轻凛冽,松柏未离披。

总相宜,笔掘难诉更须惜。
高中岁月弗轻掷。
慈龟山下,九十年罢,书此贺佳期。

字里行间就如高二邢淅璇同学所说:“反正不管怎样就是爱这里,情书少一行又有什么关系!”

3.4 你有过二中特色的“游学”课体会吗?

时下，无论大、中、小学都在强调安全，尤其是师生的人身安全更是学校工作的重中之重。

一些学校为安全起见，不仅体育课上稍微有点难度的运动项目不再开设，就连让学生走出校园、拥抱自然的春游与秋游也不见了踪影。

原因很简单，孩子身体素质下降，个别学生跑步时摔一跤都能摔成骨折，为处理这事，个别学校领导倍感压力，于是，不得不将有关活动压缩、删减，直至取消。实在取消不了的，在确保绝对安全的情况下，象征性地、有选择地，在相对安全的区域意思一下。尤其是春游和秋游，已多年和学生说再见了。

青岛二中却能秉承一贯传统，坚持让学生走出教室融入自然，不仅坚持春游和秋游，还要把它作为一门课程——“游学”课来开设。

（王婉宁绘）

现在的春游和秋游，已不再局限于青岛市区范围内，吃吃樱桃、摘摘桃子、游游杏园，搞一个简单的拓展训练那样简单，而是变成了时间更长、距离更远，目标更明确的另一种“远程”

学习。

按学生的话说:“现在的出游,不仅是赏景抒情的好机会,更是了解地理知识、收集生物标本、感悟历史史实的绝好契机。”活动本身不仅能让学生亲身体验到课堂上难以领会的知识,更能激发学生们的探索精神和求知欲望。

各个班级出游计划的拟定都是匠心独特,富有特定意义。既能让同学们放松身心、增进友谊,又能在课外学习到一些必需的本领。征得多数人同意后的出游计划,总是让学生充满期待。这使从初中开始,就没有春游经历的同学们欢呼雀跃。

游玩是轻松的,感悟也是要跃然纸上的。于是,有同学春游后写下了如下的心语:

我们的花园里面藏着你们不知道的秘密……
春游啊春游
这是一群孩子的时间
熬夜和通宵之后
会有最漂亮的日出
这是什么?这是什么?
我们用一个个沙滩上的影子搭建起来一座塔
盛满了我们的笑声
让它像海市蜃楼一般
慢慢消失在海里
你们谁都找不到　只有我们自己知道……

记得教育发展研究会王言吉主任,在给文章《成功,从万事中来》写的评语中有一句话:“社会即大学。”学校教育,固然重要,社会却能让一个人学到许多在学校里学不到的东西。世上的成功人士,没有哪一个是直接从学校里走出来的。因此,不能把名人的成功都归功于学校;也因此,学校教育应该是开放的，应鼓励孩子走出校门，去尝试掀动“社会学启蒙”那本大书，早早地去体验和弄懂一些人生道理。

“经历是财富。”学校教育只有大胆放手，让学生带着脑子去经历，那才叫“财富”。愿二中特色的“游学”课使学生在经历的同时也积攒“财富”。

3.5 舌尖上的二中

二中的饭菜质量怎么样？学生就餐的秩序如何？这是一个被家长经常问到的话题。回答起来，不知从何说起。

二中的教学楼是双面的，这种建筑格式十分不利于通风透气，特别是夏天，无风且气温较低时，更是给人一种压抑的感觉。这时，若有人在教室内吃方便面，几乎整个楼层都能享受到免费的味道，且久久不能散去。同学提意见，学校采纳，于是，校内小卖铺不再出售方便面，这样从根本上解决了长期存在的“有福同享”问题。

在二中，没有早操，部分喜欢赖在被窝里不起床的同学，争分夺秒睡到晨读上课前的一刻。实在不能再耽搁了，草草洗漱后于 7:10 前离开宿舍飞奔教室，学习之余吃点从家里带来的心仪食品，算是对早餐的一个交待。更多的同学，都是早早起床，非常从容地到学校食堂就餐。

二中的学生食堂很有口碑，不仅色香味俱佳，质量上乘，且供应充足。说是学生食堂，老师有时也到那里用餐，学生食堂花样多，选择的余地大。

“二中告诉我们，艰苦学习不代表吃的烂，二中有青岛最好的食堂。”这是二中毕业后升入高等学校的一位学生的感言。当然，没有比较，不敢下此断言，正是因为有了鉴别，才体会深刻。“真的是离开二中之后才发现二中的食堂究竟有多好……现在都想念三楼的饭了……不知道排炒面的人是不是还那么多。至今都没有吃到学校早饭的馄饨……饭卡里的钱还没花完就离开了……唉！”

但凡从二中走出去的学生，都会津津乐道地谈论令他们一生都不能忘怀的学校食堂。有些已毕业多年的同学,会利用放假回母校看望老师的机会,到学校食堂吃顿饭,重温在二中生活过的美好时光。

"均价五六块,包子饺子牛肉粉牛筋面麦多火锅麻辣烫煎饼果子奶茶冰激凌煲仔饭炒饭炒面牛肉面刀削面,我之前从没见过这么好的食堂。我在小学、初中成天抱怨吃不饱饭、吃不好饭,来了二中觉得像来到天堂,只是饭是跑出来的,所以上午最后一节还拖堂的老师'最残忍'了。"这是刚刚进入二中学习的高一学生的心声。

外来参观学习的人员,如果有安排的话,中午就餐一般在国际部,那里就餐人员较少,方便外来人员用餐,是了解二中宣传二中的不错场所。

学校在 2011 年建设了一个咖啡吧,给班主任老师和家长的交流提供了新场所,也给喜欢喝咖啡、乐意社交的老师和同学提供了一个沟通的好去处。当然,不喜欢喝咖啡、不乐意社交的同学,也可以带着书本在这里遨游一番,经常看到咖啡吧内,围坐一圈的几个要好同学在一起探讨的场景。

3.6 你在二中跑过楼梯吗?

由于二中特殊的地理环境,在二中学习生活三年的同学,很难保证没有过跑楼梯的经历,可以说没跑过楼梯不算二中人。

楼梯设计初衷是方便上下楼出行,这是对室内的楼梯而言。依山而建的二中有许多室外楼梯,不仅为了通行便利,还承载着大家诸多设想之初始料未及的功能。

一是锻炼,将二中独有的环境作为免费训练场地充分利用。这种现象不仅出现在普通学生身上,更在体育生训练中应用到极致。

二是午饭,楼梯成了考验体力和毅力的最佳训练场。上午最后一节下课铃声,就是爬楼梯"比赛开始的发令枪声"。"出了教学楼就要上楼梯了,楼梯有 A、B 两条选择,A 是半楼梯×2,就是楼梯分成上、下两部分,中间有一段平台相连,B 是一段长的楼梯,我个人比较偏好 A 路线,因为那样就算

（王婉宁绘）

跑时太激情不小心一脚踩空也不至于摔倒，而且中间还有段平路供你片刻休息。”没想到吧，跑饭时登楼梯是有讲究的。更有用心者见解独特：“下课后，如果一味地向前跑，只会被靠楼梯近的几个班的人群堵在狭窄的楼梯里进退不得，想要快，就要不惜舍近求远，‘先退后进’，即从教室出来后向与食堂反向跑，到那个最宽敞的大楼梯迅速下楼（注意此时动作一定要快，否则高一的学弟学妹们的堵塞能力也会瞬间就膨胀变大，让你无法招架）。”

一溜烟似的奔向室外楼梯，心无旁骛地向目的地进发，跑楼梯的激情得到充分释放。

“部分人因爬楼梯太累不得不放慢脚步，这时，你只要坚持，一定能争到上游。”

“进食堂后有人还在狂跑楼梯，个人认为这非常无聊，食堂内楼梯很窄，而且已经没有多少发展空间了。”

三是二中有一特殊的比赛项目——爬楼梯比赛，每年一次，已开展十几届。起点设在二中大门口，出发后一直跑到学校山上最高点，然后从最高点折返,整个比赛路程多是楼梯,故称为爬楼梯比赛。

该项比赛以班为单位进行团体赛,每班 10 人,5 男 5 女,按年级分级部进行。由于上去再下来楼梯较多,比赛不仅考验体力、技术,更是对参赛者意志力的检阅。从发令枪响起的那一刻起,选手一路攀登,没有片刻停留,只有往前冲。

3.7 你晚自习在班级日志上留下过"墨宝"吗?

二中晚自习,除老师值班外,班级都有值日班长值日。值日班长除维护好班级纪律外,还应将当晚班级的自习情况记录在案,便于每周一次的班会总结。

晚自习上课铃响后,清点人数,貌似少了两个熟悉的身影,且是一男一女。还没等我进一步反映,班主任已经将两个人的名字记录在案,老师的这一举动,虽是不经意间,还是给"明察秋毫"的班内同学留下无限遐想,例如……

后来,据该同学自己爆料,因和王同学聊天太投入,竟没有听见上课的铃声,忘了上课的时间……好喜感啊,有木有。作为学生竟然忘了上课的时间,足见两个人谈话之投机,青春期嘛,可以理解,最近两个人有点"狂躁"。

这就是某值日班长留在班级日志里的一段话。该班长接着说:"由于学业负担较重,睡过头或聊天聊过头都是'正常现象',我也干过这种龌龊事。以后一定注意。"

运动会的筹备工作正在紧锣密鼓地进行,拉赞助也牵动了不少人的心思,虽说不上如火如荼,起码是全民参与,这样运动会前夜的晚自习纪律就很难保证。"大家最好不要在晚自习搞嘛,拉赞助虽然是为了班级,但也不能以牺牲宝贵的时间为代价,因为我们的主业是学习。一阵劝说之后,纪律好了很多,大家的注意力转移到了学习上,这说明大家没有忽略我的存在,这很重要，值得表扬。”严肃的话题，轻松的语言，体现出一个管理者高超的管理方法。

“今天是我值班，洒家因在实验室研究‘贝壳’废寝忘食，心无旁骛，专心致志，导致我一时抽不开身履行职责，无奈何，只好请刘同学代劳。等我腾出手来，翻看日志时，刘同学没有留下只言片语，零记录让我一时手足无措，进退维谷，如履薄冰，情以何堪啊！”这是另一位值日班长留在日志中的心声。

（王婉宁绘）

第二节课，老师接连叫出去几个同学，造成班内一下多出了几个空位，这种局面，毕竟是老师叫同学出去造成的，一时不好说什么，不过，晚自习纪律还是值得肯定的。在这里我要自责一下，晚 8:00 左右，我的手机鬼使神差般地响起了悠扬的乐曲——“自由飞翔”，这一惊非同小可，讲台上值日的我冷汗未及下脸已红到脖子，大家笑成一片，场面一时失控。因由我起，赶紧检讨，是我的不对，影响了大家的学习。就记录到这里吧，马上下课，一会再见，我亲爱的小本本。

经过 15 分钟课间洗礼的青少年们，第三节上课铃声响过以后，还没有及时安静下来，其中王同学周围尤其热闹。细细打问之后才知道，王同学用心爱的花露水喷洒了周围的同学，这本是小事一桩，没想到引起了一阵骚动，提神之后的青少年们，简直有说不完的“感想”。在毅然决然的制止后，“事态”平息，一切恢复如常。在浓浓的花露水的芬芳中，平稳地度过了第三节课。

另一位新上任的班长,在班级日志中留下了这样的插曲:

今晚是我值晚自习的第一天。最后一节晚自习,一位不速之客——一只马蜂闯入教室,使本来安静的氛围顿时乱了起来。

马蜂飞翔时巨大的嗡嗡声,“吓尿”了我这从小在城里长大的孩子。因为是我值班,在大家面前还得强作镇定。

大家看我没有害怕的样子,一致要求我想办法弄走它,它哪能听我的指挥呀!再说我也不是它的对手呀!没办法,只好看着马蜂像打了鸡血一样到处乱串,还一个劲地往灯管上撞,好像是不想活了……那么多人眼睁睁地看着束手无策爱莫能助。

直到没有了它的声音,当然也没有了它的踪影(可能是撞晕在什么地方了吧!),大家才安静下来上自习。

班级日志可以记录班内的一切情况,包括迟到早退、上课说话、吃零食、突发情况等,也可以是值日班长管理班级的感悟,这是值日班长的职责。上面几位班长,用诙谐幽默的语言将班内晚自习发生的各种情况记录在案,这既是值日班长负责任的表现,也是班级文化建设的途径之一,更是若干年后大家回忆的“素材”,这是值得倡导的。

3.8 在二中你给老师写过匿名信吗?

谈到匿名信,总给人带来一种神秘感。男女同学之间有好感,可先写一张匿名纸条表达心意;对社会现象表达不满,或对某人有看法,可采用匿名信的形式进行规劝。师生之间没有多少值得写匿名信的话题,可偏偏我自己收到了学生写来的一封匿名信。

一天下课后回到办公室,桌面上有一折叠整齐的信件,信封上只有“于老师亲启”几个字,没落款。从字体上来看,应该是女同学的笔迹。内容如下:

于老师您好：

我是教学五班的一名学生，特地怀着一份感激与崇敬的情感给您写下这封匿名信。

很幸运在高三这个如此重要的一年中成为您的学生。记得在第一堂课上，我听到您精妙清晰的讲解后，心情如拨云见日般重拾了对数学的热爱与信心。

我一直是热爱数学的，不论数学分数的高低。每听完您的一节课后，我总享受一种挫败感，挫败感来源于您能把每道简单、看似普通的题目加以总结，这点我是从未想到过的，佩服之至。您像操纵整个表演的魔术师，而我却像晕头转向赞叹不绝的观众，在您的教导下，终于领悟，蜕去表面，抓住实质。

您不必费心去询问我是谁，总有一天我会取得理想的成绩，当面向您表达我对您的感激与崇敬。

让我用成绩来说话吧，希望假期回来能让您再次在周二培优班上看到我的身影，祝我好运。

祝老师快乐！

阅读完毕，心中自然会问，这是谁写的呢？尽管信中有“您不必费心去询问我是谁”，可从字里行间已猜个八九不离十。既然信中有约定，也就没有必要拆穿这层窗户纸，一切静观其变。

终于，在高考凯旋后的庆祝日，师生来了一次深深的“握手”。

3.9　你在二中参加过数学学科周活动吗？

也许你在二中生活学习的三年时间内参加过许多活动，包括体育的、文艺的、社团的，各种班级、学校组织的活动。但是你参加过数学学科周活动吗？数学学科周活动可是不可遇也是不可求的事情，因为类似活动不是每年都搞，就算是有限的几次活动，形式内容也都在不断的创新之中，只要参与其中,就会惊喜不断其乐融融。

2016年的学科周主题定为:“每天都有分享,都有欣赏,都有参与,都有欢乐。”奇思妙想的组织者安排了各具趣味的学科周套餐,比如魔方比赛、展板展示比赛、手抄报比赛、思维命题大赛、益智竞赛、三行情书大赛、桥牌大赛、数学讲座、数学小论文评比等各色活动。每人可根据自己的喜好特长,有选择地参加感兴趣的比赛活动,为自己增彩的同时也为班级争光。

(王婉宁绘)

就拿魔方比赛来说,不仅在有限的时间内,让人领略了不可思议的将幻想变为现实,更揭示了数学世界的无穷魅力,动手的同时,你会感悟到数学不仅好玩而且有趣。

魔方比赛采用世界魔方协会比赛规则,魔方规格是3×3×3。裁判组按要求依程序将魔方打乱到规定位置,参赛选手有15秒钟的观察时间。当宣布魔方比赛开始的那一刻,选手们迅速拿起魔方,快速旋转,用灵巧的双手,在短暂的30秒之内结束战斗。

魔方高手带给人们的精彩表演,使观众不由自主地关注起世界魔方比赛的成绩。

1981年3月13日,第一场魔方比赛举办,一位慕尼黑人以38秒的复原时间赢得冠军。1982年6月5日,在匈牙利首都布达佩斯举办了第一次国际性的魔方比赛,最短复原时间缩短到了23秒。2003年开始,世界魔方协会开始定期举办魔方比赛,比赛规则、项目都得到发展与完善,并为了减少单次复原时间的偶然性，将冠军改由多次复原的平均时间来决定。在魔方复原方面的竞争异常激烈，创造了一个又一个惊人纪录，2011 年初，一个澳大利亚人创造了单次最少6.65秒，平均 7.87 秒的新纪录。

我校魔方比赛结束了，30 秒的成绩距世界纪录还有不小的差距，没说的，只有努力！

小论文评比也在严格的筛选中有了结果，非常优秀的论文被老师推荐到杂志社，个别同学的论文因观点新颖，被杂志社采用，变成铅字作品后的文章还成了自主招生的敲门砖，没想到大学还对此情有独钟。

数学学科周之数学三行情书比赛中有学生写道：

几何作袍，代数为马
驰骋星河落入一树繁华
吾与汝爱恰如十六木夏

这证明我们举办的活动很有意义，下定决心，继续搞下去，为个人为集体再夺荣誉。

3.10 在二中邀请过老师观摩你的研究性学习成果吗？

在二中学习的三年中，会有许多事情留下印记，每一个印记可能就是一个故事。

经历过的人会记得，二中每年都举办一个研究性学习成果展示活动，活动的场面算不上很大，但很热闹，聚人气。在指定的活动地点，各研究小组就自己的研究成果或现场实物进行演示，或图片上墙配文字说明，或装订成册现场发放。

无论是事前的精心准备，还是现场的夸张演讲，都是想证明本研究性学习小组的课题研究成果斐然，在获得学分的同时，还想赢得奖项，这就需要评委们的肯定。为此小组成员使出浑身解数，尽最大可能现场展示自己的研究成果,争取被评委、观众所接受。

为赢得宝贵的一票,小组成员也会特邀一些老师莅临他们的展台。邀请的方式有多种,可以电话邮件相邀,也可以送上制作精美的请柬,同时说上几句贴切的话,让老师百忙中务必抽时间前来指导,那种谦虚,往往使老师难以婉拒。如:

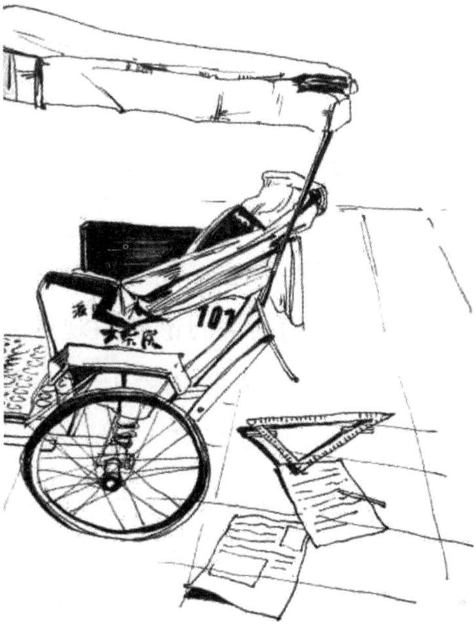

(王婉宁绘)

亲爱的老师:

您好!

诚挚邀请您莅临我们研学小组展示区指导我们的研学活动。

科研 8 组金属防锈技术　实验楼 3 楼

我们希望通过研究,为建设幸福宜居的美丽青岛做出我们的一份努力。

您的指导和帮助,将让我们深感荣幸,大受鼓舞!

此致

敬礼

高二(10)班研学 8 组

再如:

尊敬的于老师:

您好!我们是青岛二中 2012 级 8 班的"全民健身大搜索"课题研究小组,我们的研究旨在提高人们积极参加体育运动强身健体的意识,努力创造出一个全民健身的环境。我们从对散布在青岛市的健身设施的调查入手,参观了青岛市的各个体育场馆，拜访了我们的体育老师，总结了青岛市居民的健身情况，并制作了宣传视频，同时在微博上、人人网上发出了全民健身的号召。

感谢您能在百忙之中抽空阅读我们的邀请函，我们诚挚地邀请您参加即将进行的青岛二中研学大赛，并为我们的研究成果投上宝贵的一票，为青岛二中乃至青岛市的阳光体育健身活动宣传贡献一分力量。

此致

敬礼

青岛二中 2012 级 8 班

全民健身大搜索课题研究组全体成员

2012 年 10 月 13 日

3.11 在二中你总结过自己的学习方法吗?

学习是件辛苦的事情，付出是否与成绩成正比，需要探讨学习方法和学习行为问题。二中的每个学生，都是来自各初中的佼佼者，要想在二中学习成绩名列前茅，除苦干外还应巧干，也就是要讲究学习方法。

善于总结学习方法和学习行为的人，学习成绩常会事半功倍，不善于总结的人，虽付出也会与期望有一段距离。

已升入清华大学的张心原同学，在总结自己的学习习惯和学习方法时说：

始终如一，就是学习的目的不要随意改变，即使再难，也不能中途易辙。我想大部分人学习的目的还是为了一个光辉的未来。那么一旦为自己立下这样一个目标就不要轻易摇摆。有位去年毕业的学长自嘲："刚上高一，人人都想上清华北大；上了高二，觉得山大也是不错的嘛；上了高三，觉得青大也是不错的嘛。"这种"目标"显然并不很有激励作用。学竞赛的时候我面对着停课的压力，会考的压力，面对着学校社团的压力，面对着与从初中就对竞赛孤注一掷的人竞争的压力,联赛到决赛,一路走过去。我不能后退,因为我热爱自然科学,竞赛的道路是我自己的选择,无论再难,都不能转身。比我厉害得多的李学长,为上北大过了浙大保送但放弃了,去考北大自招但失败了,百转千回最终在高考中以高分圆梦北大。心有愿景,继而怀着恒久的激情面对一切困难,不管以何种方式,目标终会实现。

二是立足长远,就是提高真正的能力和素质,不要只看短时效益。记得高一时同学开班会讲,"没有几个人是真喜欢学习的。"随即问我,"张心原,虽然你学习好,但你喜欢学习吗?"我很认真地点头:"对呀,我就是喜欢学习。"听罢班上有些同学笑翻了,但那是心里话。高中这两年半的时间里,如果说我在考试中考得还可以,最大的原因可能在于我从不为了考试的名次学习,我喜欢学习。反思过去,如果我为了期中期末甚至各科小小的单元考试分数而仓促记忆、不求甚解地刷题,那么我就不能理解物理公式背后的理性思想、不能掌握数学题解法背后的方法论。即使这样能带给我一次的高分,却不可能带给我三年的好成绩。而且我相信,学习是可爱的,一方面带给我们对"我是谁"的一些答案,另一方面让我们变成有用的人。怀着不功利的目光去看待学习,或许,会有意想不到的收获。

在学习中我慢慢发现比具体方法更重要的是方法论,而学习,无外乎是一个校正、充实自己方法论的过程。学会了一道数学题的巧妙解法只是第一步,更重要的是揣摩分析这个题的方法,掌握解决这一类题的方法。从前我英语虽然不错但英语阅读很差,考试中错四五个阅读都很正常。高三期初考试后,我决定静下心来解决这个问题,突然发现答案设置并不像我原来认为的那样没道理,其实什么样的问法都对应不同层次的答案。比如问"What can we learn about?"与"Which is true about?"答案指向就略有不同。这样分析一遍后,期中考试我的阅读就变成了满分。可见方法论是非常重要的。

学习需要始终如一，就像张心原所说，心有愿景，就要持之以恒，要以踏石留印抓铁留痕的劲头朝着目标前行。

学习确实带有功利性，就如美国前总统奥巴马所言："你想当名医生、当名教师或当名警官？你想成为护士，成为建筑设计师、律师或军人？无论你选择哪一种职业，良好的教育都必不可少，这世上不存在不把书念完就能拿到好工作的美梦，任何工作，都需要你的汗水、训练与学习。"

说穿了，学习是为了丰富自己，提升自己，成为对社会有用的人，上一个层次说就是：选择一种表达生命的方式，或者说寻找一个体现生命价值的渠道。

学习是一个过程，是一个校正充实自己的过程，会解一道题不算什么，通过一道题总结出解决一类题目的方法，那才叫触类旁通，才叫学习。

3.12 老师给你留下过什么印象？

上网浏览，偶然间，无意中，鬼使神差般地发现电脑上有《章哥，我爱你——谨以此献给敬爱的于世章老师》文章，迫不及待地打开来看。

原来是一个网名为"猫"的家伙，"控诉了"师生间算不上"深厚"友谊的点点滴滴，字里行间有留恋，有故意，有窃喜，有惘然，有惋惜，有怀想。"猫"是谁？怎么突然间就有文字献给老师，我想知道他的"庐山真面目"。

在网上查到了"猫"的真实身份——徐海坤，一个学习优秀、思维敏捷、上进心强的小"猫"。虽已毕业离校，升入高等学府，可给老师留下的印象还是蛮可爱的一个小男"猫"形象。

"章哥"的叫法，已留在了很久远的记忆之中，对于身后不断出现"爷爷等等我"的人来说，突然间有人叫我"章哥"，仿佛又年轻了许多。

"终于还是有这一天的——数学也要走班了。我知道这预示着什么。我曾经希望美好的结果，但是落空。

记得当初的时候，第一节课，认识了教数学的老师于世章。当时的我们并不知道这意味着什么，可是后来我们知道，于老师您确是二中最最最牛的老师。知道吗,现在我们翻开的数学书里,就有于老师您的心血。

当今天的数学课开始的时候,我脑子里却全是过去的一年半里的每一节数学课。我曾以为跟您没有什么太多的感情,或许只是一位老师和一个学生,可是,现在我发现,远非是这样简单——对您的崇敬与爱戴或许早已经融入了血肉之中。想起来那一个个的小失误,我们知道那是故意的,虽然心知肚明,却又乐此不疲;还想起那写在卷子上的鼓励的话语,真的,想起来的时候,心中仍然是一片温暖……

可惜啊,年轮并没有给我珍惜的时间——甚至连最后一课都是在走神中度过。今日回头,一切却已是惘然了。于是,谨以此文表达我对您的感激,您将永远、永远是我最好的数学老师!”

已经毕业离开学校的同学,将自己在高中遇到的事情,用文字记录下来,这已经让人感动,何况字里行间还充满对老师的溢美之词呢!

谢谢徐海坤,你对老师的赞美我都收下,不过不会激动万分,也不会大喜过望,因为我就是个老师,分内的每一项工作我都应该做好。

祝徐海坤学业有成!

3.13 在二中你听过老师的讲座吗?

这是一位听过我讲座的学生写下的文字:

众所周知,二中的课外活动丰富多彩,讲座也是你方唱罢我登场。

2013年10月26日9时许,我参加了由我校“蓝心结”和市教育局共同组织的、由我校全国优秀教师于世章老师主讲的数学学科公益讲座——“如何解题”,觉得受益匪浅,印象颇深之余决定用文字记录一下课堂上的精彩,浅谈一下自己所感所想。

没有冗杂烦琐的形式,没有老师的尊贵架子,于老师在上课伊始便用一个关于数学的趣味故事给这堂课开了一个充满欢笑的好头——我们到底为什么要学数学。数学家说它是人类最智慧的部分,同学们很现实地说是为了应对高考的选拔。而老师则用他31年的教学经验和他本人对于数学的诚挚热爱非常深情地告诉我们:数学是一门能调剂人思维方式的奇妙艺术。听了这番话,我虽懂,却依然存有质疑:这由符号和数字堆砌起来的王国,真的如他所说,没有枯燥的单调,只有无尽的美丽么?

接下来,于老师让大家做一个游戏——用四条连续线段一笔画将九点格连起来。我苦思冥想,却琢磨不出其中玄机。最终他公布了答案——居然将线段延伸到了格外!看着我们一脸惊讶的表情,于老师指着格外的线段,语重心长地对我们说:数学的学习,就像这幅图案,只有跳出这圈子,才能参透其中奥秘,获得不一样的视角。

这一刻,我仿佛明白了什么。

数学的学习,只有不拘泥于题目所呈现出的有限条件,善于运用化归和转化的思想,将单一的数字字母与多变的图象联系起来,在不等与等的关系中活跃起来,在有限与无限的边缘中游弋起来,才能把握住打开数学之门的金钥匙。一条路走不通,那就别在一棵树上吊死——不妨将思想转换一下。说不定在演算纸上的信手涂鸦,便可刺激你涌泉般的灵感爆发;说不定一条人尽皆知的短小公式,便是一道使你为难良久的难题的最终谜底。

接下来,于老师带领我们走进了数学世界。一道道看似繁杂无比的题目,在他的巧妙点拨下,只需代入一个数值,或取得一个极限,或勾勒一个图形便可迎刃而解。同学们在惊喜之余,感悟着,体会着,思索着,充实着——原来数学可以这么简单,这么巧妙!

不知不觉中,两个小时已然悄悄过去。课堂最后,还有于老师亲自创作的一首小诗赠予我们:

仿佛为你而等待

整整三十一载

不　　满满一节课
才等来了这笑语欢声
短暂相聚的时光
在“转化”的轻柔与飘洒中
享受心中沸腾的乐章
一节课不是终点
却能映照出希望的曙光
抓住它慢慢品味
去追逐那并不遥远的梦想

谢谢于老师的这堂课,让我领会到了数学灵动的美感,让我爱上了数学。希望这样的公益课堂能更多,希望于老师能在数学之路上携我们走得更远!

3.14 你在二中参加过学生组织领导人的竞选吗?

二中有四大学生组织:学生会、民主议事会、城市化发展委员会、模拟联合会,组织中的每一个职位都需要经过层层选拔、激烈竞争之后获得。

许多学生都想在二中有好的发展空间,尤其是前几年二中保送人数较多的年份,有没有学生组织领导人经历,是推荐选拔加分的重要因素之一。于是,各个学生组织的领导人竞选越发激烈起来。

有意参加竞选的每一个人,除有相当的实力外,还需在竞选现场获得评委的一致认可,也就是通常所说的面试。

参加面试的同学要有大的视野,对所竞争的岗位有较全面的了解,愿意在所竞争的岗位上为大家服务。比如学生会网信部部长一位参选人在参选时说:

作为候选人,我自信能胜任网信部部长这一职务。这不是空话,既然选择了，我就会努力实现自己的诺言。如果我当选网信部部长，我会竭尽全力，放开思路，大胆想，大胆干，突破常规，勇敢尝试。正如罗斯福总统竞职演说中的一句话："凡此种种不会在最初的一百天中完成，不会在最初的一千天中完成，不会在本政府任期中完成，甚或也不能在我们活在地球上的毕生期间完成。但是，让我们开始。"

网信部是年轻的。年轻是我们的优势、我们的资本，正是因为年轻，我们有更多创新的空间。但也同样是因为年轻，使我们没有很多的经验，没有固定的模式，任何事情都要自己去摸索、去寻找，这一过程中充满挑战。在工作中我会坚持以下三个原则：

1. 勇于创新。发扬不断创新的精神，代表广大同学的意愿，按照学校的安排和老师的意图，开展一些有意义的活动，使网信部充满生机活力，成为一个不断推陈出新、在同学们之间具有强烈影响力的部门，为学校的发展贡献力量。

2. 明确职责。有一句话这样说："一切伟大在外面看是一种无可抗拒的力量，在里面看则是一种无比智慧的秩序。"严明的纪律是顺利、高效地开展工作的基础，我会将部内人员分组，明确分工，充分发挥每个人的独特优势，使一加一大于二。

3. 打造团队。我会尽力调动起干事们参与工作的热情，秉持民主原则，每个阶段的主要工作任务和活动主题都提前与干事们沟通，共同思考和确定应该开展的活动，撰写详细的活动方案。使本部门成为团结一致的高效团队，使每一位成员乐意工作，主动工作。

对于校园网站改革，我有如下设想：网信部的任务之一是管理校园网，其中的官方论坛还缺乏生气。要提升官方论坛的人气和活力，关键在于准确定位，使其发挥出"冰点"和贴吧等其他论坛所无法发挥的作用。通过增加校内活动对官方论坛的依赖性和开设班级博客等方式，可以实现这一目的。校园新闻板块，要加快更新速度，加大新闻容量，使其真正成为人们了解二中的重要窗口。校园网是大家的，群策群力才能管理好它，我会通过多种途径让同学们参与到校园网建设中来。

上一届的学生会为二中做出了重大的贡献，他们的成绩人人皆知。现在接力棒马上要传到我们的手中了，他们的事业要由我们来继续，“长江后浪推前浪”，我坚信，只要认真汲取往届的长处，并与时俱进、大胆创新、锐意进取、全心全意为大家提供优质服务，学生会的各项工作将会干得更好、更出色。

我不想事先向各位过多地保证什么，我会用工作实绩证明，你们的选择是正确的。泰戈尔说过：“天空中没有鸟的痕迹，但我已飞过。”而我想说：“天空中没有鸟的痕迹，但我即将飞翔。”相信吧，青岛二中学生会、学生会网络信息部，在一届又一届的努力下，定会成为一个品牌团队！

为了我的梦想，为了我的野心，我选择了网信部，为了网信部辉煌的明天，为了学生会灿烂的未来，请大家相信我，支持我！

第四章

把教书育人嵌入自己的骨质

这个标题不是我的独创,而是作家刘杰先生为我的新书《在学生的心灵中旅行》所作的跋《教的是学问,做的是德行》中的一句话。之所以把它借来作为标题,原因有二,一是 30 多年的教学生涯用这句话写照足矣,二是已嵌入骨质里的东西,对自己不仅算不得负担,甚至是一种欣慰。

正是由于这种嵌入骨质里的东西不断更新、不断沉淀,我才有了今日的成长。更新尽管不需要时时进行,沉淀却需要时间,需要过程,需要投入。那么,怎样才能把教书育人嵌入自己的骨质呢?

4.1 入师途 广借鉴

记得 30 多年前,不谙世事的我考入曲阜师范学院数学系。毕业后成为教师队伍中的一员,自此与中学教学结下了不解之缘。

还是毛头小伙的我,刚开始被分配到一所农村中学。不知是由于理念缺失还是管理缺位,学校没有给刚毕业的新教师安排具有传帮带作用的师傅。不像现在,大学生毕业一走进学校,都会有师徒结对的帮扶或“沃土工程”肥沃土壤的孕育。

既然享受不到“师傅领进门”的恩泽,只有靠个人的不断追求、修行。凭着青年人的激情和对这份工作的热爱,我广拜师傅,不仅拜长者,也拜同龄人;不仅拜同学科的,也拜其他学科的老师为师。我走进他们的课堂充分吸收、借鉴,利用一切可利用的机会,学习、模仿他们的做法。

听说张老师不仅普通话说得好、人长得帅气,而且还有一手不借助画图工具,就能在黑板上徒手画优美几何图形的硬功夫。征得张老师的同意,我走进了他的课堂,果然如传说的一样令人眼前一亮,佩服之余我想到一个问题:自己什么时候能做到这些呢?这当然需要行动,于是,张老师的课我坚持听了下去。

听说李老师刚从外校调进来,代数教得顶呱呱,我就主动和李老师套近乎,给他端茶倒水,帮他打饭跑腿。慢慢地,我成了李老师课堂上的“编外学生”。不仅在校内这样做，在校外也是如此，从不放过任何一个对自己专业有益的外出学习机会。

4.2 细梳理　求发展

就这样，在自己的视野范围之内，只要是大家公认的好老师，他们的课堂总会有我的身影。由于长期受到一个优秀群体的熏陶，再加上自己的坚持，潜移默化中，自己的教学水准也在慢慢提升。

机会总是给有准备的人。毕业若干年后，学校推荐我参加市级优质课评选，这是可遇而不可求的机会，我自然想紧紧抓住一试身手，当然，这是需要积淀和实力的。为了上好这节市级优质课，我曾经不厌其烦地进行过近十次试讲，课堂上什么时间讲哪句话，哪个环节提问学生，每个环节需要多长时间，各环节怎样串联起来，用什么样的过渡语等都铭记于心。最让人担心的是提问环节，因为学生回答问题带有很大的不确定性。为避免意外出现，我将所提问问题的各种可能答案都罗列出来，做了一个预案，以备不时之需。一遍又一遍的试讲，连自己都大倒胃口，更不用说屡次被邀请到场提建议的老师了。

回头想想，就是年轻时特有的激情，为后续的成长打下了坚实的基础。这节课尽管获得了理想的成绩，现在看来确实算不得什么，但这节课却让我刻骨铭心，它是自己教学技能提升的里程碑似的一个节点。

由此可以看出，说自己有天分绝对是言过其实，要说比较勤快愿意付出、乐意接受新事物，倒是名副其实。

4.3 重阅读　勤动笔

多年形成的习惯，每晚睡觉前躺在床上，总是随手拿起一些书籍杂志，浏览一些短小的文章，即便是已经多次阅读过的内容，还是感觉历久弥新。仿佛唯如此，觉才睡得踏实、香甜。

放在案头的书籍“杂乱”,不是说摆放不整齐,而是各色刊物都可能成为自己的“伙伴”,有专业的书刊,也有用来消遣的杂志。

翻阅最多的刊物之一就是《中国教师》。理由很简单,观念新、专业相近,并能从里面的一些教育故事中,验证自己的教育行为;能从一些文章的高屋建瓴中,矫正自己的发展方向;能从一些教育者的教育情怀中,找出自己的差距;从一些教育现象中,思考教育的真谛。

可能是阅读《中国教师》比较多的缘故,时不时总能从中受到启发。于是,我尝试着将自己的一些教育故事、教学感悟整理成文,在确保观点明确、无错别字的情况下,寄给《中国教师》杂志社,社里的编辑、领导还真包容,陆陆续续地将我的几篇文章刊登出来,这是对自己的最大鼓励,于是,一来二往就越发喜欢阅读《中国教师》了。

乐意阅读和写作不仅仅是个人喜好,还与自己所发文章中的观点能引起读者的共鸣有关,尤其是得到专家学者的认可,更是自己乐此不疲的动力。

4.4 参与就有收获

课题研讨也经历了一个过程。当初并不知道课题是何物,更不要提写课题报告和实验方案了。刚开始时,只是带着一种好奇,参与到其他老师申报的课题研讨行列中,由于自己不是主角,也就不太在意课题研讨的真正意义所在,只要课题组长要求做什么、怎么做,一切照办就是。虽是不经意间参与其中,却也感受到做课题研究的不易,这为日后独立做课题提供了帮助。

这时期的我曾经尝试起写教学反思和教科研论文。尽管这时期的作品连自己都不满意,但是年轻有精力,大不了撕掉从头再来。就这样一遍又一遍地“作品解析”,一次又一次地痛下杀手,功夫不负有心人,终于有一天看到了自己的铅字作品。也就是从那一刻起,一种写作的冲动伴我左右,并坚持至今。

到现在为止，我已先后申报多项国家、省、市级科研课题，并担任多个课题的课题组长，且部分课题已经结题。可以说在教学研究的道路上迈进了一大步。

4.5 淡淡的思、从容的行

凭着自己的努力，年轻的我有了第一节市级公开课，拿到了第一个市级优质课获奖证书。这些年我先后被评为全国模范教师、省优秀教师、省特级教师、市拔尖人才。社会兼职越来越多，相应的社会活动也渐渐多了起来。

随着时间的推移、教龄的增加，铅字作品越来越多，获奖证书越摞越厚。每每看到这些，已没有了往日的喜悦，年轻时的激情已消逝在轮回的年月之中，留下来的只有淡淡的思、从容的行。

这就是我的孜孜以求吗？作为一线教师，应该更关注什么？教育的核心又在哪里？教学的目的仅仅是为了升学吗？怎样才能明晰自己的发展方向，规划自己的专业设计，探索自己前行的育人之路？每每和孙先亮校长聊起这方面的话题，他总是侃侃而谈掷地有声，观点的碰撞中总有火花闪现，让人收获多多。正如孙校长所说："做教师尤其是做一名优秀的教师，不仅是能够把自己的课讲得漂亮，让学生如痴如狂，而且能够坚持不懈地思考，在此过程中，把那些感性的教育'碎片'进行加工，梳理自己的教育思想，把隐性的教育经验显性化。"一句话如醍醐灌顶，醒悟之余不得不发出感慨，是啊，教育的'碎片'需要梳理，需要思考，需要加工，需要升华。

从那时起，我做了一项不起眼的事情，将自己教学过程中的所思所想、所感所悟及时整理，以博客的形式记录下来，并时常在自我欣赏中修修补补，一旦认为观点已经成型，又有可探讨的价值，整理后就投给杂志社，陆陆续续有多篇文章在多家杂志社发表，慢慢地有了出书的想法。

于是，我已不在云端跳舞，开始贴着地面行走。这时，一篇篇短文，串成一个个故事。从“教育是无意中的有心”，到“在‘小家’中成就‘大家’”，从“梦中的精神王国”，到“不断尝试后的彩虹”，从“课堂呼唤童言无忌的回归”到“数学课也应充满诗情画意”，从“又见一群耕耘人”到“数学思想的激情燃放”，从“走进哈佛大学”到“回忆着的甜”，每篇文章尽管文字不是很长，却能揭示教育现象，在给人留下回味的同时，也留下研判思考的空间。

长期的积淀，使我突然有一种顿悟，教育不就是一种提醒吗？教育的目的不就是为了发展人，为学生的终身发展服务吗？教育是心与心的交融，教育是一种态度，教育是一种期待、一种激励，教育更是一种欣赏。教育没有想象的那么复杂，教育就这么简单——把简单的事情做好，有利于学生成长，这就是教育。

于是，我将教学过程中的平常“小事”，课堂上的火花闪现，师生间的趣闻轶事，同事们的孜孜以求，美丽校园的切身感悟，自己的人生观点进行梳理，在青岛市教育发展基金会的资助下，出版的了自己的第一本专著《在学生的心灵中旅行》，这是我教书育人嵌入骨质后的一次新生。

第五章

无声之中皆教育

之所以选择这个题目,是因为想表达自己的一些观点。作为从事教育30多年的一线教师,课内课外所实施的教学行为,总与“教育”二字密不可分。谈论教书育人过程中个人的一些做法,也许能子丑寅卯一二三四头头是道,然而真要回答什么是教育的问题,自我感觉确实不轻松。

不可否认,教育家对教育的理解有其独到的见解,这种见解是高屋建瓴、富有前瞻性与导向意义的。对于从事教育工作的一线教师而言,教育理论可能有所欠缺,但教学行为却具有鲜明的个性,无论愿意与否,于有意与无意之中,都在切实感悟着教育的真切内涵,实践着教育的真正价值。

5.1 教育是无意中的有心

师生间的有意与无意很多,留在记忆中的有意与无意,总能给人带来感动,带来无尽的回味,历久弥香中让人充满希冀。

下课后回到办公室,见桌面上端端正正地放着杂志《光年》(第二期),心中已明白了几分。

该杂志由2009级六班同学创办。去年的创刊号,反响不错。作为杂志主编的陈超玥同学,在《痛苦与快乐》一文的记叙中表现了自己的坚强和“获得无比成就”后的坚持,尽管在遇到困难时想过逃避,但作为一位有毅力的“杂志人”,还是将六班同学的心血又一次凝聚。就像杂志封面头像的旁白一样“闭上眼睛”,真正看到了自己想象中的世界。

第二期杂志的开篇语是老师寄语,内容就是我给六班同学写的短文《一句承诺》,这是我阅读《光年》第一期后的心灵感想:

秋日里美丽的校园,落叶如黄蝴蝶般婀娜,轻轻的曼舞中仿佛在告诉人们什么。

就在大家准备过冬的前夜,从树梢枝头绽放出淡淡的新绿,给萧瑟的秋日带来春的气息,她就是六班同学主办的班级杂志《光年》。

集高一六班同学的睿智与心血,在大家的热切期盼中,创刊号终于与读者见面了。她定位准确，贴近现实，板块划分基本合理。

“小班故事”和“特辑”记录的是发生在同学之间的逸闻趣事，师生之间的深情厚谊，班级昂扬向上的精神风貌，令人难忘的精彩时刻等。看似小事情却是大视野，因为记录下来的不仅仅是一个班级的历史，更是我们一生回忆倍觉温馨的精神食粮。

“夏至末至”摘录的是供大家欣赏与学习的名家名篇，才华横溢的同学们的美文佳作。仔细阅读定会给人带来心灵的震撼。

“学习天地”和“悠悠生活”涵盖了同学们想了解的所有方面，作为课外知识的拓展确实是不错的选择，由此可以看出编辑们的用心良苦。

一块处女地，给人带来希望。既然已在枝头开放，定会给人留下无限遐想。

阅读她吧，她能给人以鼓励。呵护她吧，一朵奇葩在百花园中定会争奇斗艳。

愿编辑们都能用心组稿，做到期期精彩，给读者圣洁的心中留下难以忘却的印记。

就是因为自己的一次有心，将阅读后的所思所想写了出来，从而得到六班同学的热情回应，不仅在班会上朗读，还把它登在《光年》（第二期）的显要位置。

本是无意，却出现了师生间心与心的交融，就像编辑所说“晚自习时给于老师一本《光年》，不过是个无意之举，没想到却收到了满满的感动”。是啊，学生如此，老师不也是在满满的感动中被满满地感动了一把吗？

静下心来想一想，师生间确实需要更多这样的“无意”，往往就是这样的“无意”，才给人带来了愉悦，带来了希望。但愿更多的感动人的“无意”能时刻游走于师生之间，也愿这样的“无意”在无意间感动更多无意涉足其间的人。

5.2 教育是心与心的交融

课代表已将考试的试卷整齐地放在了办公桌上,接下来的激烈“战斗”——阅卷就由自己来完成。今天的阅卷不同于以往,想在尽量短的时间内把试卷阅完,将考试信息及时反馈给学生。尽管时间紧迫,还是在每份试卷上,写下了自己对每位同学肯定与鼓励的话语。给全班考试成绩最高的同学写了如下几句话:“春风拂面一扫过,榜首却需十年灯。既存少年鸿鹄志,何惧惊鸿照自影。”给学生进步的同学写了如下的话语:“阅此试卷心平静,也无风雨也无晴。小荷才露尖尖角,期待少年才华靓。”给学习成绩一直很稳定的同学写了如下的话语:“教你的课,监你的场,批阅你的试卷,欣赏你的成绩,就两个字:愿意!”话不多,学生却很看重。当试卷发到学生手里时,学生们新奇与兴奋的表情已经说明自己的劳作是值得的。当然,自己的心里也是美滋滋地,可高兴劲未过,就被一个“没想到”给闹得面红耳赤。一个学生站起来说:“老师,我的试卷上为什么没有批语?”声音不高却听得真真切切。拿过试卷一看,果然是因为自己工作疏忽,没能让该同学与其他同学一样享受到一份好心情。我赶忙认错,当着学生的面在试卷上写下了自己心里祝福的话语。“一位思维缜密的女孩,是老师课堂提问的首选之一,整洁的卷面令人赏心悦目,不错的成绩令人称道,望能始终如一,创造属于自己的辉煌。”写完之后,当众读给全班同学听。虽然我自己感觉面子上有点过不去,但还是庆幸能及时将失误补上,没给学生心理留下太大的影响,这样自己的心多少得到些安慰。所以我说,教育是一种关爱,应该阳光遍洒,使每一位学生享受到“阳光雨露”,真正实现心与心的交融。

5.3 教育是一种态度

2012年春季开学已经两天了,假期里布置的《寒假作业》多数同学已交上。《寒假作业》中的一个栏目“阅读报告”完成得不够理想。本来想让学生在假期里阅读一些有意义的书籍，然后写出《阅读报告》，题材不限，内容自选，只要是阅读后的感悟、收获都是可以的。目的就是让学生学会阅读，提升自身素质增加审美意识，另一个想法就是让学生学会收集处理信息从而正确地认识世界。尽管是数学作业，却没有限制学生只阅读数学书籍。在这样宽泛的区间内，自由选择的余地还是蛮大的，可部分学生还是没能完成任务，理由可能多种多样，至少说明一点——好的阅读习惯还未真正形成。

翻到桂彬同学的《阅读报告》，内容栏是一片空白，在页眉处工工整整地写下了如下一段话："亲爱的数学老师，很抱歉让您看到了这两页白白的纸!!! 这个假期我在完成了所有书面作业后，发现没有留足时间给书籍阅读，今天收作业，不想应付，所以索性空着，希望下次认真补上。"

《阅读报告》虽然没完成，但却有一种态度，短短的话语中已流露出深深的歉意，连着三个感叹号已经说明了这一点。本可以一蹴而就在《阅读报告》上写几句话应付差事，可桂彬同学没有这么做，而是非常认真地将实情说出，以一种诚恳的态度对待自己小小的"失误"，她的可贵之处也就在这里。于是，我提笔在它的作业后面写下了："态度有了，只差行动。但愿在'阅读报告'的空白处，能营造出自己的阅读空间。"不长时间桂彬同学就将未完成的作业补齐。我想，在教育的过程中，师生双方都应有一种态度，需要一个实施的过程。

5.4 教育是一种期待、一种激励

按惯例，2006级班委会又到了换届的时候。经过一轮又一轮的竞争，在大家的掌声中，杨丞、刘子昊两位同学走马上任成为新一任班长。作为班主任自然要发表自己的观点："首先祝贺两位当选为高二(5)班第四任班长! 从今日始，五班的重担将落在两位的肩上，希望两位能切实承担起这份重任，带领五班同学经风历雨、凝心聚力，把五班锻造成班风优良、学风扎实、团结向上、互帮互助的优秀团队。"为使两位班长尽快投入工作，写下了如下给班长的寄语：

班长是班级各项工作的组织者、协调者，是班级健康发展的引领者，是贯彻落实学校各项工作的先行者，是素质优良学风扎实的践行者。

作为班长不要渴求改变别人多少，只要自己的工作作风能影响别人即可。

一个班级就是一棵大树，只需树上能结出累累硕果，鲜艳夺目即可，不必要求开出一样的花朵。

班级需要和谐，作为班长凡事应以大局为重，方显出作为班长的大智大勇。

我想，这就是教育，教育就是一种期待、一种激励。

5.5 教育是一种欣赏

校级公开课在学校多功能厅进行，作为主讲教师的我要讲的课题是“生活中的排列组合”。临近结束需要小结本节课所学内容，课代表薛翔天举手要求发言。没想到的是，当着全校老师的面，他用一首诗歌写出了自己的心里话：

音符排列，乐曲悦耳动听；
原色组合，世界五彩斑斓；
碱基列构，生物物种多样；
原子拼合，宇宙物态万千；
零一有序，信息传入万家；
四力相合，万物运行有序；
字母齐聚，单词千变万化；
词句相组，文章行云流水。

语言不多，却将本节课所学数学知识与语文、英语、物理、化学、生物、音乐、信息技术融为一体，课堂小结让人感觉酣畅淋漓，不得不佩服该同学的博学多才、睿智机敏。听课师生长时间的掌声是对该同学的褒扬。所以我说，教育是欣赏，教育是一种认可，教育需要掌声。

第六章

解开人们心头的困惑

许久在脑中的疑问一直不能释怀:青岛二中,为什么能得到社会的广泛认可?升学率为什么能排在山东省榜首?学子们一旦被二中录取为什么欢喜有加?同行们到此访问为什么趋之若鹜?各级各类的研讨会、甚至联合国教科文组织国际教育信息化大会(二中是其中一个活动地点)为什么乐意在此召开?兄弟学校的老师、领导为什么愿意到此挂职锻炼?国外学校为什么愿意和二中建立友好学校并长期交流?各种冬令营夏令营的活动营地为什么愿意选择在二中?国内高校开展的著名高中排名活动中,二中虽不在最前头,却也名列前茅!一连串的为什么很难及时寻出满意答案。

于是,就想试着解答谜团。按说全国各地来二中取经的一批又一批,不仅听了报告,进了课堂,而且还和老师有过面对面的交流,也从学生口中听到过切身感受,更从学校各有关部门收罗了一大批学校管理的“灵丹妙药”,“有心”的来访者,还会“悄悄地”从学生那里收集到他们认为有价值的“二中真题”,如获至宝般地带回去研究一番。可时至今日,没有听说哪所学校参观访问后有了质的改变。参观学习人员发自内心的感慨,热度持续也就是一周,然后是一切归于“理性”,回归常态,留在记忆中的只有曾经去过二中的回忆而已。

也有执着者,为了取得“真经”,派人住下来“挂职”锻炼一番。一批批“融入”二中的领导或老师,他们都能做到仔细观察细心体会,因为他们都有任务在身,在尽量短的时间内想真正把二中的办学经验学到手。可他们忘记了一个事实,无论你多么投入多么忘我,看到的都是表象,学到的都是皮毛,就算有所体会,二中骨子里的那种精神是很难学到手的。

二中的精神是什么呢?不断地创新超越,百尺竿头更进一步是二中的精神内核吗?不加班加点按教育规律办事,不仅做教学更是做教育是二中的独特视野吗?走班制的长期坚持,选修课、校本课程、大学先修课程的开设,学生社团建设是他们的特色吗?文化氛围浓厚的教研组建设,别具一格的教师团队管理,自成体系的青年教师培养是他们的一贯准则吗?“异彩纷呈”的精品校本课程评选是昙花一现吗？……二中一直在不断地创新，二中人骨子里的那种精神，早已内化成二中文化，正是这种文化的发扬光大，才给前来学习者增加了试图解开谜团的困难。看看下面的故事吧，也许能给您带来启发。

6.1 学科使命的提出

作为喜欢阅读，愿意思考，又是学校领头雁的孙先亮校长，其创新理念不断引领学校向更高端迈进。

教务处网上下发通知，要求各教研组长思考各自的学科使命，并提炼书写展示，这显然是校长思考后的又一创新引领。

天天教学，年年讲课，日复一日几十年，要说出自己学科的使命所在，不要说对青年教师，就是对有着几十年从教经历的老教师，也是一个难题。

既然是学校工作，作为教研组长就得深入思考，至于思考提炼后的学科使命高度够不够，只有等青岛市教育发展研究会的几位老领导老专家给出评价了。当时有一种态度：鉴于能力若一稿不过，那说明视野不够开阔，再修改完善就是。毕竟这是新生事物，从来没做过的事情心里没底，但有一个好的态度，也会令人欣慰。

结合几十年的教学经历，多日思考后，冥思苦想出几句话，整理成稿，按时上交。没想到教育发展研究会的老领导们给出了如下评价：撰写“学科使命”是青岛二中加强学科建设的一项重要举措，有利于各学科教师专业成长，有利于学生的全面发展和个性发展，有利于各学科核心目标任务的落实，有利于在具体的教学实践中把力量用在刀刃上。在12个“学科使命”的表述中，我们认为：语文、数学、音美、生物、地理等学科比较好，但每一个学科都有必要进一步推敲和加工。

这是工作过程中的一个细节，细想下来却有大的视野。老领导们总评中的几个“有利于”已经说明问题。二中确实在思考教学、思考教育，思考教育的真正意义。

数学组提出的学科使命虽在比较好之列,修改的空间还是很大,看看老领导们给出的修改建议,也许能找到进一步思考的方向。老领导们给出的几点修改建议如下:

(一)建议进一步明确"学科使命"的应有内涵和表述方式。我们认为"学科使命"应当包括"学科性质"、"主要目标"、"核心理念"三个方面的内容,这些内容是学科的本质属性,承载着学科教学的基本规律,在表述上应当扼要抓住这三方面内容。有的"学科使命"在学科内涵的表述上似乎有所忽略。

(二)建议各学科把制定"学科使命"作为再次深入学习研讨《课程标准》的过程。"学科使命"应当是《课程标准》的灵魂体现,可以表现为《课程标准》核心思想的摘要,也可以用自己的话表述,但是必须依据《课程标准》。有的学科在表述上没有体现出《课程标准》的精神实质;有的学科把年级的具体活动或具体的教学模式、教学方法罗列出来,在"学科使命"的表述中似无必要;有的学科表述有些空泛,看不出学科个性。

(三)建议各学科把制定"学科使命"的过程作为总结教学经验的过程。各教研组在长期的教学实践中形成了一些集体经验,这些经验具有长久的学科建设价值,如能总结出来,归纳成两三句话,写进"学科使命",在经验上体现青岛二中特色,则更好。

(四)建议各教研组思考"基础教育的使命是什么?""忘记了所学的一切之后,剩下的应该是什么?"尽管这些问题不需要写出来,但可作为深层次的理念来指导"学科使命"的制定。

(五)建议各教研组进一步锤炼"学科使命"的语言,切实做到精炼、鲜明、重点突出。例如:语文学科有一句"探索文学作品蕴含的文化内涵",其中"蕴含"二字是否可删掉?物理学科有一句"是走进智者的心灵里",其中

"是""里"二字是否可删掉？建议各学科在文字上再加斟酌。

（六）建议把目前已经完成的"学科使命"（初稿）汇总打印下发，进行交流，请各教研组阅读思考，相互借鉴，有利于在比较中明确本学科与相关学科的联系是什么，区别是什么，进一步明确本学科的性质、目标和任务。在这个基础上再次修改本学科"学科使命"的文字表述。

专家建议的末尾写上了："以上建议仅供参考。"参考是必需的，接受意见的同时，对思考者就是一种鞭策，一种提升。没什么好说的，只有锤炼锤炼再锤炼！

于是，数学学科使命的二稿应运而生。

本想二稿应该通过，结果被毙。又经过一段时间的思考，将再次修改后的学科使命，提交到暑假教研组长培训会上，与会人员非常严格地审查了各个教研组提交的学科使命第三稿。

数学学科使命最后定格如下：

提升学生数学素养，理解数学思想和方法，磨砺理性思维品质，形成质疑批判性的创新思维，促进学生心智和能力的发展。

在数学与自然、社会的和谐中，用数学思想认识和解决问题，感受数学文化的魅力与乐趣，陶冶完美道德，秉持社会责任，引领学生向着求真、求善、求美的境界不断发展。

有了比较满意的学科使命文稿，就多了一种引领，进一步明晰了教学是干什么的，其目的性更强了。为重视起见，也为时时提醒老师们，教务处将各组室的学科使命制成牌匾，悬挂于各教研组的组室门口。

一个小小的举动，让参与其中的人不断地思考学科教学的着眼点所在，探寻教育教学的真正意义。长期地思考实践下去，就会沉淀出教研组文化，形成二中特色的财富宝藏。试想兄弟学校走马观花来学习一番，就算是把学科使命记录下来，拿回去学习，甚至是照着原样整理，其理解的层与度谁能保证不打折扣呢!

6.2 双优工程的实施

为在教育前沿能独立鳌头,人才的培养成为学校重要工作之一。早在2008年青岛二中就推出了青年教师培养模式:双优工程。其目的和指向性很明确:充分发挥导师的传帮带作用,把经选拔后重点培养的优秀青年教师,和导师结成1+n的对子,采用高校研究生培养模式,两年的时间内,在目标明确任务明晰的前提下,找准发展的突破口快速提升,进而带动学校教师队伍整体素质的提高。

这一"力作"的推出,是孙先亮校长办学思想的"落地生根",也是校长事业心、使命感的再次体现。举措的推出不是立足眼前,而是注重长远。锻造一支不同年龄结构的、强有力的教师队伍,才是学校可持续发展的不竭源泉,谁抓住了人才,谁就占得了教育发展的先机,这需要眼光,更需要境界。

作为有幸参与其中的人,更是感悟多多体会深刻。2010年至2012年和孙晓红老师结成对子,2012年至2014年和程志老师结成对子,2014年至2016年和高磊、张羽、丁玲玲老师结成对子。

令人欣慰的是,这几位年轻教师个人素质高能力强,作为年轻教师中的佼佼者,他们都有一股不服输的劲头。培养期内,他们在教学、科研、班主任、校本课程、研究性学习、大学先修课程、新课改等各项工作上成绩出色。作为结对周期已满的备课组长孙晓红和工会组长程志老师较好地履行了职责,并取得了出类拔萃的骄人成绩。

既然结成对子,就要履行义务和责任,走进课堂听课磨课自然在常理之中。双方在教学任务繁重的情况下,没有忘记科研、课题研究,也没有忘记忙里偷闲地将教学与管理中的点滴感悟整理成文投给杂志社。

现在想来,真庆幸和他们结成对子,"师徒同心,其利断金"。他们成长的同时,我也上了一个台阶。

回头梳理走过的“双优”历程，时间虽在平淡中逝去，队伍却在无声中锻造，这大概是学校领头雁所期盼的。

听听作为徒弟代表程志的心声吧：

满心迷惑之际，我幸运地迎来了2012年我校“双优工程”这个平台，有幸拜于世章老师为师，在“沃土工程”中成为一名徒弟。这次拜师，不再是跟随师傅简单地上课、听课，而是要有教育教学、理论实践、科研能力全方位的提升。于老师从不刻意要求我多做什么，然而身教大于言传，我发现只要有时间，他总是在电脑上不停地写啊改啊，哪怕是一度因病身体不适也未曾间断，而辛勤耕耘的结果便是不停地听到他随笔文章发表在不同的期刊杂志上，而一项项省市、国家级荣誉的获得更是让我心生敬仰。眼前的一幕幕终于让一直以高三工作太忙为借口的我不再淡定，忍不住开玩笑对他说：“于老师，我怎么感觉师傅的进步比徒弟大得多，您总是有事在做，我该做点什么啊？”“就从你当下的工作入手，不管是班主任或是教学工作，都有很多可探究和发展的地方，关键看你是否用心。”于老师的回答让我不禁想起了一句话：转变思维模式最大的敌人便是习惯。也许是在固定的工作圈里处久了，或多或少已习惯于凭借经验来处理日常工作，正是这种惯性思维，使自己的工作用心不够，用脑欠缺。

一段时间的沉淀，我重新审视自己的日常工作，不仅有了思考而且还加以升华。这才有了后来的诸多成绩。

转眼间，我校第二届双优工程已进入尾声。在这里，我要再一次感谢一直以来给予我肯定与指导的各位领导、师长；感谢一路同行、亲密无间的伙伴们。正如李宇春歌中所唱的：我和你一样，一样的坚强，一样的全力以赴追逐我的梦想；我们都一样，一样的善良，一样的为需要的人打造一个爱的天堂。

一届又一届双优工程制度化地开展起来，一拨又一拨年轻人成了顶梁柱,这不得不归功于双优工程的开展。

6.3 "思想者论坛"开坛了

不知道该"诅咒",还是该"庆幸",学校开展的特级教师"思想者论坛"的首位开坛者竟然落到我的头上,作为"悲剧性"的人物,除了捶胸顿足之外,剩下的只有接受,"虚心"地接受。

突然间想起一幅雕塑——思想者,作为中学老师的我,既没有"思想者"那份优雅,也没有"思想者"那份深邃,教教课还可,在众人面前解剖思想,既难为情也上升不到大家期望的高度,一种对不住听众的感觉愈发强烈。

为了调侃时任教务主任现任副校长的李晓轮的"慧眼识人",也为了给自己绷紧的神经放松放松,就请学生按照我的意思画了幅漫画,一共四折,第一折的大意是,教务主任再次找到我,问:"于老师,'思想者论坛'你谈还是你谈?"这话问得有点搞笑,分明就是硬给人压任务,哪里还有不谈的空间。第二折,我斩钉截铁地回答:"不谈"。看李主任的表情没有什么变化,很淡定。第三折的大意是,"你不谈,我就把它喝下去。"没想到李主任还带着一幅"要挟"的口吻。我一看,教务主任手里还真拿着一瓶液体,至于是水还是饮料已经不重要。第四折指的是,为避免出现"人命",我只好答应:"谈,我谈还不行吗!领导你要想得开,你还年轻,把手里的东西放下。"一个玩笑,把诸多的不愿意抛到九霄云外,"愉快"接受任务的我开始了积极的准备,就这样"思想者论坛"在校领导坚定不移的声音中稳步推进。

原来,思想就是"思维"活动的结果,属于理性认识,一般也称"观念"。人们的社会存在,决定人们的思想。

有人说:"有己见,有个性,有坚持,有梦想,这就是思想。"也有人说"思想既是你的人生观也是世界观"。弄明白了"思想"的含义之后,在全校老师面前用一篇小作《偶感》开始了对自己人生的解剖。

本以为自己还踌躇满志,朝气中透出蓬勃,其实,斗转星移中青春已渐行渐远。尽管一颗总想飞翔的、懵懂的童心，还始终保持着幼时的那份稚气，可“知天命”的门槛早已让我迈过了许多时日。

曾经的欢笑、苦恼、活跃、沉稳、弱智、智慧都包容在皱纹满满的眉宇之间，时间像裁判不偏不倚中笑看人生百态。

年轻时渴望过的东西，也许至今还遥遥无期难以实现。曾经的鲁莽、倔强，已被周全世故所取代，处世为人中的几分成熟，应该是摔打后的智慧析出。

随着生活水平的提高、节奏的加快，都促使向“一甲子”迈进的我不敢有丝毫懈怠，毕竟还有许多渴望、许多期待，还梦想着成功，于是只好“不用扬鞭自奋蹄”，利用一切可以利用的机会，借助多年来已有的积淀，在新的平台上，争分夺秒地去实现曾经在自己头脑中昙花一现过的梦想。

于是有过“丰富”人生阅历的我，还是形成了自己的一些观点，这大概就是人们所说的思想。

一知半解中，我写下了：

我不知道什么是思　　但我却有自己的梦
我不知道什么算想　　但我却一直向往飞翔
我不知道什么是思想　　但我却对事情有自己的观点
我绝对不是思想者　　但我却能在思想者的启发下前行

就这样，才有了后来的论坛交流提纲。

6.4 不得不说的小事情

在二中工作这么多年，经历过大大小小许多事情。有些事情大，会在脑海中留下抹不去的印记，有些事情小，就算经历过，也很难回忆起。

凡事都有例外，若小事情的“刺激”太过强烈，留在脑海中的印象，怕是比大事情还深刻。

虽经历过 30 多个教师节的洗礼，已很难将每个教师节庆祝活动详情梳理清楚。可 2009 年的教师节,注定要留在记忆的长河里。记得全体教职员工热情洋溢地聚在一起,孙校长简短祝词过后,各教研组、室准备的文艺节目纷纷登台献艺,将庆祝大会推向高潮。

数学组演出的节目是男声小合唱《打靶归来》。董天龙、朱军、牟庆生、我四位老师不负众望,将数学组那种团结、向上、朝气蓬勃的昂扬正气表现得尽善尽美,赢得掌声阵阵。

四个男人,数学老师,年龄上虽有差异,却能在五音不全上找到共同点。

自娱自乐不假,可那也是一个舞台呀,上得台来,观众不管你是专业的还是业余的,他们需要赏心悦目的文艺节目。怎么演好这个节目呢?

"勤能补拙"又一次得到印证,积极备战已经不够,认真准备才是正理。于是,上课的闲暇、吃饭的路上、晚饭后的散步途中,都能听到小声哼哼的《打靶归来》:"日落西山红霞飞,战士打靶把营归把营归,胸前的红花映彩霞,愉快的歌声满天飞。米扫拉米扫,拉扫米多唻……"

既有一个人旷野的哼唱,也有两个人偶遇后的初级合练,更有三个人的必有吾师的要点切磋。

四个人的合练在办公空闲时间进行,评委是以祝丹忱老师为首的全体数学组老师。一遍遍的演唱总达不到"评委"满意,别看评委是业余的,可他们的欣赏水平却是专业的。

有评委提出,四个人站在台上,就像四个木桩子,效果不够理想。若演唱的同时,加上一些动作,效果就会凸现出来。

可怜的四个人那,既要演唱到位,还要动作协调,这四个男人压力还是蛮大的。

一遍又一遍地重来,在"评委"的严格监督下,僵硬的动作渐渐规范,唱不准的音调也优美了起来,无论是演唱者还是监督者,那份认真、那份执着让人难忘。

终于,"评委"们发话,节目雏形初现,可以上台表演。

庆祝大会的第二个节目就是《打靶归来》。音乐响起的一刹那，四个人已完全沉浸到音乐的世界中。

可能是少有机会展示的缘故吧，四位老师将《打靶归来》当成自己心中的天籁，忘我中已将声音提高八度，强烈明快的节奏在整个大厅回荡，浑厚的男声，再加上步调一致而又别出心裁的夸大动作，给晚宴大厅带来少有的热烈场面。

合唱整齐，二重唱悠扬，还出现了练习中压根没出现过的颤音，这一刻令观众兴奋不已，台上台下呼应融融。乐声落下，掌声如潮水般响了起来，这一刻，四位老师脸上绽开了幸福的微笑。

一件小事，本不足挂齿，却很难忘记。因为小事用心做就是大事，就算条件暂时不具备，只要勇于面对、善于创新，就一定能够成功，一定能赢得掌声。

这就是不得不说的小事。它展现了数学组的团队意识，增进了组内的团结，凝聚人心的同时，让人多了一份期待。

6.5 走班制可恶吗?

曾经写过一篇文章，题目《走班制的思考》，大意是二中完全按照课改实施之初的设想，大面积全方位开展走班教学，且这种走班是没有表面文章的完全意义上的走班，不仅高一走、高二走，作为关键年级的高三，还是一如既往地走。

文章从几个方面说明了走班制的好处。如走班制没有脱离原行政班级，既可以享受原行政班级同学创设的温馨氛围，又可以实现广泛的人际交流。朋友圈子广了，接受信息的渠道也就多了，撞出思想火花的概率当然就大了。

再比如，走班制教学的实施，给同学们带来了更广泛的学习资源。资源不仅来自同学，更来自具有不同教学风格的老师队伍，正是这项措施的实施,才使得同学们接触到更多的师生。

作为新生事物,走班之初,不同的声音就存在。由于教育主管部门要求所致,大家也就这么接受下来。茫然中不知实施过程会出现什么不适,也无法预知未来前景如何。

十多年实践证明,走班制不是那么可恶,没必要一棍子打死。当然,它也不是完美无缺,有些制度确需完善。

如不同班级的同学走在一起,不能充分交流,生疏感很难消除。课前准备不像原来那样充分,有时甚至是手忙脚乱,一旦忘记拿上课必需的课本、辅导书、作业本、卷子等,只好一节课看着别人陌生的“食粮”而暗自悔恨。收发作业也不是那么顺畅,迟到现象时有发生。考试时究竟是在教学班考呢,还是在行政班考呢?一时会让大家无措。家长会上,班主任由于教自己班的人数较少,每个学生学习情况如何,很难给家长一下子说清楚。再比如,不改革之前,每班一个课代表就能担起重任,走班制实行之后每个教学班都需要若干个课代表,主要以行政班为单元收发作业,这给人带来“乱”的感觉。二中的现状是,晚自习在行政班上,可同一个行政班级的学生,哪怕是同一学科的作业却很难保证一致。因为他们的作业来自多个教学班。

多年下来,有个别同学到毕业前的那一天,还没有完全适应走班制教学。难怪有同学毕业后发牢骚:“很重要的一点,就是学校的办学理念和教育方式。二中总是弄所谓的素质教育,像我们这一届,弄什么走班,真是折腾人,一下课满教学楼跑,找教室,乱糟糟的。还有什么选修课,就是糊弄你玩,让你当时玩得开心,一考试看到成绩就伤心。”

这种说法有些偏激。十多年的走班教学虽是在争议中前行,却是在不断地完善过程中。老师的教学、辅导没有受到任何影响,升学率不仅没有降低,反而年年有所提升,虽不能把成绩都归结于走班,起码说明,走班制教学属于正常的教学方式之一,至于其他学校坚持的如何,个人没资格评论,青岛二中始终坚持，并已经成为教学特色。所以，我说走班制没那么可恶。

6.6 先行先试立潮头

2014年7月，高中教师远程研修已经结束，老师们进入了真正意义上的暑期，许多老师已经或者正在做出各项休假规划，这时二中接到中国教育学会函件：关于申报中国大学先修课程试点项目首批实验学校的通知。

大意是，中国教育学会将在全国范围内遴选60所左右的优质高中，作为该项目的首批实验学校，参与项目试点工作。

按照其试点要求，申报实验学校的基本条件，青岛二中都符合。比如：学校为省级示范性高中，学校正在或开设过AP课程，具有国际课程管理经验，或至少开设过10门以上校本课程，学校能为CAP项目师资培训、课程教授等提供资金支持，学校有教授CAP相应学科的优秀教师，并能提供开设相应课程需要的设备设施，学校能够选拔拔尖学生参与CAP课程学习。

申报很顺利。按照项目培训要求，暑假中，数学要培训两门课程：微积分和线性代数，分别需要两位老师参与，我和邢成林参加微积分的培训，丁玲玲和高尚尚参加线性代数的培训。

既然要参与培训，自然要了解该项目的意义。原来，为了扭转各高校争抢人才的混乱局面，改变自主招生各自为战、自立标准的录取方式，推进中学、大学的有机衔接，“形成体制开放、机制灵活、渠道互通、选择多样的人才培养体制”，中国教育学会提出了一个比较有见地的课程：大学先修课程(Chinese Advanced Placement，简称CAP)。该课程能弥补我国目前高中教育和大学教育之间衔接出现断层，改变高中优秀人才缺乏多样、有效培养和选拔机制不够完善的现状。

于是，中国教育学会决定联合国内多所知名大学、一流高中及教育科研服务机构，共同组织实施大学先修课程试点项目，让那些学有余力的优秀学子，“及早接触大学课程，接受大学思维方式、学习方法，真正享受最符合其能力水平和志趣的教育。同时也为深化我国高中教育教学改革,推进高中教育与大学教育的有效衔接,促进我国拔尖创新人才培养模式和选拔机制的改革创新进行积极有益的探索"。该项目已列为教育部社会科学研究转向委托项目,项目编号 14jm002。

我和邢成林参加了首批 67 所重点高中在北师大附中的大学先修微积分课程培训。

作为主讲教师的扈志明、马连荣、徐文兵三位老师,凭着厚实的数学功底,扎实的写作能力,在较短的时间内,给与会老师呈现了一本可读、可授性较强的数学讲义,虽说不上完美,却让与会老师有抓手,同时,讲义也给大家留下了研判的空间,于是才有了后来几个下午教室内的争鸣。

不客气地讲,该讲义要成为教材确实还需研讨,包括教材的结构设置,每个知识模块的呈现方式,各个章节内容的衔接,如何考虑中学生的认知水平,受众群体的利益怎么保证等都是大家关心的话题。

几天的培训,一章章内容争议下来,大家有了比较一致的看法,但这并不能保证所有疑问都已烟消云散。

比如,先修课程对学有余力的同学来讲是一件好事,对中学数学教学既是一种挑战,也是一种引领。问题在于学生学习这部分内容之后,能给升学带来什么样的便利?比如大学能认学分吗?考试成绩能作为自主招生的重要依据吗?能作为升入名校的重要参照吗?

考试的主管部门是谁?考试的公平性怎样保证?考试采用什么方式?

作为一线老师,关注的是给选课同学提供哪些有价值的信息,让他们在辛勤付出之后能收获点什么。

不管将来如何,作为先行先试勇立潮头的青岛二中,本学期一开学,每周两节以选修课的形式,分别开设了《微积分》和《线性代数》两门课程。

按照中国教育学会秘书长、CAP 项目总协调人杨念鲁的话说,试点 CAP 项目为高校自主招生多样化录取学生提供一种参考依据。现在看来,当初的设想与现实还有不小的距离。

6.7 你相信吗?

从来没有的奢想,2012 年 5 月变成了现实。经过多年辛勤耕耘的首部著作《在学生的心灵中旅行》,在青岛市教育发展基金会的资助下顺利出版。

据说,当时教育系统参加资助评选的作品有 15 部,专家采用无记名方式,拙作《在学生的心灵中旅行》入选。虽是幸运儿,也能体会到竞争的激烈程度,若是二中有类似的资助项目该多好啊!

期望变成了现实,2014 年 9 月,青岛二中教育发展基金会推出了"力作":设立"教育科研优秀成果出版资助项目",这给热爱科研,愿意思考的老师送来拂面春风。

当然,学校设立这样的资助项目,指向性很明确。就是提升教师队伍的教科研水平,激励有能力的教师开展教育科研活动,提高教师专业素养。作为创新型工作,必将引领二中教育科研迈上一个新的台阶。

有人会说,这不就是钱的事吗?不,这是学校决策者们理念超前的体现。就目前来说,资助的数额不算很大,但也不小,完全能解决老师们科研成果出版的后顾之忧。

按照项目要求,资助的范围是什么呢?是青岛二中教师的教育科研成果专著。专著又包括哪些呢?一是教育学术专著,指教师在长期实践探索和系统研究基础上形成的、具有重要理论价值和实践指导意义的学术专著;二是课题研究成果专著,指在市级以上规划课题研究中,系统研究解决教育实践问题,所形成的具有解释力、影响力和创新价值的课题成果专著;三是教育教学改革成果专著,指针对教育教学实践问题进行改革探索和实验研究,总结提升实践经验和创新成果,撰写形成的教育教学成果专著。特别指出,资料汇编、论文集、教科书、工具书(包括辞书)、科普读物、通俗读物等不列入资助范围;凡已接受过任何其他形式资助(例如青岛市教育科研出版资助项目)的著作不列入资助范围。

申报的条件又是什么呢?申报成果必须符合党和国家的路线、方针、政策,全面贯彻党的教育方针,遵守学术道德和学术规范,符合国家知识产权保护的有关规定,无著作权争议;成果具有较强的科学性、系统性、创新性和推广应用价值。体例完整,逻辑严密,语言通畅,文字规范,达到正式出版的各项要求。

一切都已明晰,剩下的就是行动。

6.8 品桑茶

我第一次喝桑茶,新、奇、疑感觉全有。

原来,春天,校园山上,后勤人员栽种了一些桑树苗,秋有收获,加工制成桑叶茶。由于不是规模种植,数量自然不多,按原后勤主任姜茂东所说:“各组室分点,大家在办公室分着喝喝。”

记得小时候,爬树够桑葚,既是儿时的娱乐方式,又是补充营养,口有福享的绝佳机会。那时生活困难,加之家周围桑树数量有限,一放学,伙伴们都会在桑树下转几圈,眼巴巴瞅着、盼着桑葚能早一天成熟。

后来,工作了,进入城里,再没有接触到有关桑树的信息。

几十年过去了,破天荒听说,桑叶成茶能供人品尝。可怜吧,只知桑葚能吃,不知桑叶能品。更让人吃惊的是,后勤姜主任当着众人的面,抓起桑茶就咀嚼了起来,一边吃还一边向大家解释,桑茶不仅能品还能吃,看他的陶醉样,桑茶应该是个好东西。亡羊补牢未为晚,上网查找补课忙。

原来,桑叶茶属于保健茶的范畴,不仅可以喝,还可吃。作为“神仙叶”的桑叶早在《山农百草经》中都有记载。

桑叶历来享有美誉:

《本草纲目》:“桑葚星之精神也,蝉食之称文章,人食之老翁为小童。”称赞道:“桑,东方之神木也。止消渴。”

《中药大辞典》:“桑叶有抗糖尿病的作用。”

《中国药典》:桑叶可“疏散风热、清肺润燥、清肝明目”。

桑叶还有“人参热补,桑叶清补”之美誉,日本人称桑叶茶为长寿茶。

1993 年国家卫生部确认的“药食同源”植物——桑叶,富含人体 17 种氨基酸、粗蛋白、粗脂肪,被国际食品卫生组织列入“人类 21 世纪十大保健食品之一”,成为人类绿色新食品源。

一惊非同小可,桑茶,只有慢慢品味。

于是想起《桑叶赞》:

一木三叉谓之桑,因音遭忌而遗忘。
孕育蚕丝成绸缎,中华民族添华章。
天生丽质不自赏,食果饮叶寿又康。
本草纲目称神奇,润吾身心沁人爽。

不在工作范围内,有心人却有了创新后的成果,难怪大家一谈起都会津津乐道。事情虽已过去一段时间,吃、喝、品过桑茶的口中仍有余香。

6.9 做有情怀的老师

仿佛读书不需要冲动,只需要意境。白天,一个人,可以沏一杯热茶,静静地靠在窗前,漫无目的也毫无功利地品读。夜晚,伴着清风,听着细雨,在明亮的灯光下,享受那幽幽暖暖的书香味道,并不时将余香提纯沉淀。

“不知从什么时候起,想要静静地靠在窗前长读,已经是一件远为奢侈的事。每个人都在忙着已经习惯的忙碌,不敢放慢一步。”这是数学组老师高尚尚读书演讲稿中的一段话。

原来学校要在教职工中举行读书演讲比赛,要求各工会组出一名选手参加角逐。数学工会组推荐高尚尚老师出战。之所以有这样一致的意见,不仅仅因为高尚尚老师年轻、语言有磁性,更因为高尚尚老师喜欢阅读,乐于思考,有思想、有观点。大家对推举高尚尚老师参加比赛充满信心。像往常一样,高尚尚老师对任务不推脱、不抱怨,迅即选题,投入创作,经深思熟虑后,高老师以《读书,做有情怀的老师》为题参加校读书演讲比赛,获得个人一等奖,同时也为数学组争得了荣誉。

高老师的读书动力源自哪里呢?“那日心血来潮去看了场电影《黄金时代》,讲的是民国时期女作家萧红传奇般的一生,看着当时的年轻人充满理想热血澎湃,二三十岁的年纪便可以享誉文坛,仿佛自己的二三十年都被荒废了去,也感叹我们的时代再也造不出那样情怀的人物来。借着电影唤起的情绪,便真的翻开了萧红的小说《呼兰河传》。”

明白了吧,看过一场电影,有了读书的冲动,于是就翻开了《呼兰河传》。

“呼兰河这小城里住着我的祖父”,这句话仿佛是这个长篇的主题词,“我的祖父已年近七十,他常教我读诗,带我到后花园游玩,我走不动的时候,祖父就抱着我,我走得动了,祖父就拉着我,祖孙俩相依相伴,有着无穷的快乐。”祖父的疼爱,给了幼小的萧红一颗温暖敏感的心,她眼中的后花园也变成了一个童话王国:

花开了,就像花睡醒了似的。鸟飞了,就像飞上天了似的。虫子叫了,就像虫子在说话似的。一切都活了,都有无限的本领,要做什么,就做什么,要怎么样,就怎么样,都是自由的。倭瓜愿意爬上架就爬上架,愿意爬上房就爬上房,黄瓜愿意开一个花就开一个花,愿意结一个黄瓜就结一个黄瓜。就是一个黄瓜也不结,一朵花也不开也没有人问它……

一字一句地阅读,不仅在品味,更像在寻找那过去的印记。阅读至深处时,不仅是智慧的吸引更是心灵的触碰。

读着萧红的这段话,我也仿佛化身为书中那个四五岁的小女孩,蹲在田边观察着这个世界里神奇的一切,看着虫儿在做什么,寻思着倭瓜在想什么……而又不知从什么时候起,我已没有了那个小女孩的敏感与灵性,倭瓜与虫儿也不再是我的朋友了。不禁感伤没有了敏感与灵性的我，又如何去做孩子们的老师呢？又如何去守护学生敏感的心呢？

突然想到某年的第一场雪，上课时学生们突然大喊："老师，快看！下雪了！"而我的回答却是："喊什么啊第一次见啊？专心听讲！"可以想象当时学生失落的表情。在我的世界里，讲完这道题是我的任务；而在学生的世界里，那场突如其来的大雪远比我的这道数学题珍贵得多。而我却为了我的世界的完整，打碎了学生世界里一次美妙的生活体验！相信不只是那一天，孩子们对于雪的欢愉早已被我们这些没有了情怀的长辈们不知打断了多少次！而我们又怎能再责备我们的孩子们写不出诗了呢？古代的老先生是否该带学生们去踏雪寻梅了呢？现在已经不得而知，只是当下，我们的教育好像确实失去了作诗的情怀。

开卷有益，阅读不仅不会使人精神空虚，而且还能借用观点衡量现实，而后去改造现实，这大概就是读书的益处所在吧。

《呼兰河传》这本书慢慢读下去，更是一篇叙事诗，一幅多彩的风土画，一串凄婉的歌谣。短短几分钟，我断然不能跟大家分享书中全部，可能的话，也只能是一种情怀，而这种情怀不正是我们读书的初衷吗？纵然数学课上我诵不出唐诗宋词，黑板之上我也画不出水墨山川，但是作为老师，我们常有感怀之心，学生才能有知遇之意。何不带学生去看一场初雪？何不让学生去品一缕梅香呢？学生需要的老师究竟是怎样的？不过是伯乐与千里马吧。"平平仄仄闻声去，卷卷宗宗书香来"，读书，做有情怀的老师！

6.10 辛苦后的喜悦

几乎每年的元旦联欢，都是让人高兴的和期盼的事情，2015 年元旦也不例外。

演出落下帷幕，数学组以总分第二的成绩，继续领先学校元旦节目的排行榜前列,全组老师兴奋的心情溢于言表,毕竟多日的辛苦排练没有付之东流。

短暂的激情慢慢消退,节目演出前的“痛苦”和“折磨”还是历历在目。

首先是节目的选取就让人颇费脑筋,这么多年的元旦演出,别说向更高层次迈进,就是突破本组以往演过节目的水准都是难事,就在节目“斟酌”中,元旦一天天逼近。

形势逼人,已经没有了可以继续“矜持”下去的时间,下决心定下大型歌舞《吉祥谣》,继续秉持数学组一贯的作风,“高端大气上档次”,不分时间、不论人数的不间断排练就这样开始了。

考虑到每个工会组的演出时间是10分钟,而该歌舞却只有短短的3分20秒,怎么办?再增加什么形式的节目,才能接近10分钟?

经过商讨,终于定下将发生过的事情升华,以小品的形式展现在舞台上。说干就干,于是写出了剧本《如此备课》(剧本略)。

6.11 二中赋予每个人张扬个性的机会和权利

在二中,穿着校服是有严格要求的,比如,每周一的升旗仪式,要求各班整齐划一,校服是必须穿在身上的。每天的课间操穿不穿校服,是学生会检查的指标之一,否则,会影响班级量化分数。除此以外,“在二中,没人管你穿什么,你只要别上课穿拖鞋,衣服穿的别太夸张,你有穿衣服的自由。手机也是一样,只要不带到教学区,你可以带手机,也可以打电话,二中从不会用呆板的规则限制学生的发展,它只会给你限定一个你不能逾越的尺度,剩下的随你发挥。”

班级承办运动会已成为传统,但需要竞标获得,竞标的项目包括开闭幕式、精神文明、检录、运动会的组织服务等多个项目。成功获得运动会开闭幕式的承办权,且拉赞助成功的班干部说:

拉赞助首先要看清行情,看看哪些企业可能会给提供赞助。之所以最后锁定了新东方，除打电话问了意向，对方感兴趣外，双方还坐下来谈了“合作”的有关事宜。最后达成意向，新东方赞助本子、笔、太阳伞，条件是开幕式那天，要在学校里给他们发传单。

此外，我们班还在这一天通过“倒卖”麦当劳赚了一笔。班干部跟同学们去找麦当劳店“合作”，组织学生订麦当劳快餐，麦当劳以低于市价将套餐卖给他们，他们再转手卖给学生。这笔生意是 100 元提成 7 元，最后赚了近 1000 元钱。

班里每个人都参与了，真是非常锻炼人。

现在的各项竞标，已纳入正常的课程管理。竞标的项目不仅包括运动会，还包括体育节、科技节、艺术节等大型活动，所有这些活动的竞标都采取公开招标和拉赞助的方式自主承办，通过这种竞争与合作机制的建立，学生不仅协作能力有了提升，还能体会到创意无限竞标书制作的快乐，以及拉商业赞助的不易，在“商业化”运作模式影响下，“执行和社交”素质得以发展。

6.12 天文社秘书长

已记不起是第几届天文社，反正杰瑞任秘书长的那一届，是我最值得骄傲的一届天文社团，因为我是他的班主任。

一日，杰瑞到办公室，问我下午能不能参加天文社的活动，我给予肯定回答。这基于两方面考虑，一者社团活动邀老师参加，自然是提高活动的层次，尽管自己对天文一窍不通；再者参加社团活动是对社团的支持，自然也是对秘书长工作的支持，更何况天文社秘书长和天文社社长都来自我任班主任的班级，无论是出于公心还是“私利”，都应该到现场支持一把。

作为活动现场的学术报告厅，坐了不少天文爱好者，有天文社社员，也有天文爱好者，还有像我等天文盲者也参与其中。今天活动的主题是天文知识讲座，主讲人就是天文社秘书长杰瑞。

为了便于参与者们更好地认识星空，杰瑞事先还是下了一番工夫，发到每位听众手里的天文图就足以说明问题。

杰瑞像有多年教学经验的老师一样,不仅讲解抑扬顿挫张弛有度,而且重点突出,台上台下互动有度。面对部分天文盲,杰瑞现场演示耐心讲解,使每个参与其中的人都兴趣盎然,收获颇丰。

多少年过去了,还是不能忘记这节课,尽管当时听懂的内容不多,留住的细节更少,印象却种在了脑海中。有人说,这就是教育。这也从另一个侧面加深了我对杰瑞的再认识。

说起杰瑞还要从他英国回来之后谈起。

杰瑞的英国之行共 15 天,回来后他却送我一本 2 万字的《青岛人在伦敦——我的英伦游记》。

三年之前,我不认识你;三年之后,我们是朋友。一段看似近在眼前却又远在天边的回忆,就是我们相识的见证。英国,你好吗?

一切都是那样的似曾相识——在一个傍晚搭乘火车踏上前往首都北京的旅途,又在一个晴朗的上午乘坐飞机开始飞往那边的八千五百公里行程。

在英国的十五天时间里,我用不断成长的眼光再次审视眼前的故地,获得了三年之前不曾有过的感悟。为此,我将自己在英国期间的行程与感悟提炼成这本《青岛人在伦敦——我的英伦游记》。

这就是杰瑞游记的开篇语,这本小册子我一直悉心珍藏,我不知道这算不算"心有多大,舞台就有多大"的印证。

三年之后故地重游,心中必定会有很多感慨。当已经长大的我再次面对永恒的 BigBen,还有那气质庄重的国王学院,心里又会是别样一种滋味。我在上一本游记《大陆那边的雪——我的英伦游记》中曾经写道:"此次英国之行也成了我继续前进的助推器。我相信,在不久的将来,我一定会再次回到那遥远的英国,再次回到那令我神往的剑桥大学。"三年后,我真的做到了。

伦敦国际青年科学论坛是一个有着四十余年历史的著名的世界性科学

论坛。他在每年的七八月间举办活动，云集五十多个国家和地区的热爱科学的青年朋友。中国每年选举一所来自全国各地的优秀高中，有这所高中选拔5～6名在校的优秀学生代表，参加每年一度的大会。

这次去伦敦参加London International Youth Science Forum的经历，对于我来说是一份宝贵的财富。虽然有很多非常专业的词语和知识，也有许多我无法理解的演讲和参观，但它带给我更多的是一种智慧，还有一种胸怀。能够有这样的体验和感受，过去的15天里我便不虚此行。

先说智慧。

这种智慧是一种研究和学习自然科学的心态。再一次相当难懂的演讲结束后，Mr. John Needle进行了简短的总结。他说："对于学文的最佳态度是怀疑。虽然你所了解的知识在许多年前就已经有先人研究过，而且已被证实，但是你应始终敢于质疑它们。因为在你亲眼所见、亲耳所闻之前，没有什么是绝对真实的。"这是那天我在演讲会场的最大收获，因为这句话非常精辟地指出了我们应当如何学习。是死记硬背？不。是照本宣科？不。要敢于质疑和证实，而不是旁听与重复。

再说胸怀。

以前我始终没能放下这个困扰，但通过这次的英国之行，我再一次清楚地认识了这个问题。分数和名次并不重要，重要的是要学到真知识，而不是漫无目的的纠缠不休。

又一个三年以后，我会在哪里？会是在英国吗？

这就是二中的学生，他们去英国不仅游，更多的是学。现在的杰瑞早已在美国学业收成，事业蓬勃。

6.13 毕业生如是说

"青岛二中的生活已经让我搭起了终身发展的框架。基础打牢了，以后就是添砖加瓦的事了。"这是2009年毕业于青岛二中的学生魏震的一席话。

什么原因使魏震发出如此感慨呢?原来魏震在二中期间,已经有了节水环保型“可控排水三通”国家实用新型专利。一进入大学,不仅社团活动游刃有余,而且科研课题的研究进展顺利。

“二中孩子公认的学习好,但是二中不是那种没事就加课的学校,甚至中高考大假之后都没有强制上课的情况。这不是说二中孩子不努力,而是学习不是以牺牲时间为代价,也不是与多学加课画等号。你可以自己努力学习,但是二中不会强制你啥时候学习,比起某些学校动辄周六周日加课上自习,二中给了我们很大的自由,想什么时候学习就什么时候学习,怎么学习效率高就怎么学习。”这是毕业生曲晓音在他的《毕业有感》日志中的一席话,曲晓音接着说:“刚刚参加完毕业典礼,百感交集。”“回想起二中的点点滴滴,我一直在思考一个问题,为什么二中是青岛最好的学校,没有之一?”

原二中学生会副主席,模拟世界经济峰会负责人房珊曾经对记者说过这样的话:“参加社团活动与学习确实会有冲突,但是社团活动可以有效放松自己,提高学习效率。处理好了也不怎么耽误学习。何况频率不是很高,通常两周一次。考前两周这些课外活动都会停。”房珊的学习成绩在中上水平,想考同济大学或者上海交大。她认为社团活动很锻炼人,最大的收获是不依赖老师和家长,可以自主解决问题;性格也变得更大气、外向了;周围的同学都各有所长,学习氛围很浓郁,都比着谁做得更好。

刚毕业升入大学的学生在给老师的来信中说:“来大学两个月了,总体来说过得蛮不错的。果然如传说所说,大学的环境非常宽松,没有晚自习,没有一直管着自己的老师,没有每天查寝的宿管大妈,甚至连班里的同学我都没有认全,还蛮不适应的。来这么久,最大的感受就是二中真的是一所很培养人的高端学校,和祖国各地的学生比起来,我们是在各方面都出众的那部分人。”他接着说:“二中给了我锻炼自己的平台,让我在面对大学繁忙冗杂的工作时能够有能力有条不紊地上手。二中给了我广阔的社交环境,让我在高度社会化的这所艺术院校里也有办法和不同的人搞好关系。二中给了我超过旁人的学习能力，让我在大学相对不浓厚的学风沐浴下仍然可以在有限时间里不丢下课业。”

还有同学说：

“二中不是一个你毕业就想骂它的学校，你的许多回忆定格在这里，你的成长历程记录在这里，你经历过的一切，尤其在经过对比之后，显得更加美丽和难忘。”

“三年之前，我不认识你；三年之后，你成了我心中永远的色彩。”

“我试探性地走近你们的生活，你们却紧紧地把我拥抱，遇见你们之前我一个人迎风奔跑，遇到你们之后我再不是孤单一人。”

“来二中之前，我没拉过赞助，没办过协会，没搞过模联，但是来到二中，我突然发现我的野心何其大，我的志向何其远。第一次拉赞助我学着和成人谈方案，第一次办协会我试着和别校校长谈合作，第一次参加模联我买了第一身西装，二中给我的自由和舞台告诉我这样一个道理：自己创造机会，自己实现梦想，二中让我有勇气把我看似天方夜谭的怪念头付诸实践，二中让我有能力在以后的日子里充满自信迎接一切挑战。因为我在二中有过的经历会成为我未来道路上最好的垫脚石。”

6.14 他为什么执着

下午去阅览室，静静读书的一个男孩有似曾相识的感觉。瞬间定格一个画面，本能的反应像是在初中直升高中咨询会上的一个大男孩。本已走过他读书位置，又折了回来，弱弱地问了声：“你是高同学吗？”

“老师，是我”。高同学的回答很淡定，不过他眼神里还是有一种诧异，好像在问，您是？

“我是二中的数学老师，不教你们这个年级，你不认识我很正常，可我却‘认识’你。”我赶紧解释，以免引起不必要的误解。

简单的解释起了作用，师生间的距离瞬间拉近了许多。接下来的聊天就海阔天空起来。

“初中直升时,没能如愿以偿进入二中,被折了一下。说精神上不受影响,估计没人会相信。”几句话下来可以看出,高同学是一个诚实的大男孩。

“但我很快从不悦中走了出来,朝着自己铁了心的目标——青岛二中冲刺。”直升没上去的事实摆在面前,高同学没有气馁,用另一个更具说服力的事实证明了自己的实力,那就是裸分也要考进二中。

“实践证明,我的选择是对的,我的付出有了值得骄傲的结果。”高同学不无自豪地说。

“虽说中考成绩不是想象的那么优秀,但却实现了自己的梦想。进入理想的学校读书,总有释放潜能的机会,接下来就看自己如何把握了。”高同学充满自信。

“有了今天让多少人梦寐以求都不能得的可喜成绩,多因一果的多因都有哪些呢?”这自然是我作为老师想要考证的结果。

“父母是公司职员,经济情况一般。平时的交流和彻夜的畅谈中,父母都流露出一个观点,自己的事情要自己做主,只要选定了,就应该担当。”父母正确的教育观,对今天高同学的成长至关重要,在这样的家庭氛围中,高同学渐渐成长为一个善思考、有主见、不怕苦、敢担当的男子汉。

听高同学说到这里,突然记起曾经在《德育报》阅读过的《学生比诺贝尔奖更重要》中的一个情节:

半个世纪前,18岁的美国青年托马斯·萨金特面临着人生的第一次重大抉择:提前一年毕业,去俄勒冈州立大学攻读,或者再等一年,就能进入加州大学伯克利分校。父亲的意见是去俄勒冈州大学,因为此时他父亲正准备在俄勒冈州开一家公司,将全家都搬过去。“我不要去俄勒冈州,我要去伯克利。”萨金特语气坚定地告诉父亲查尔斯·萨金特。

有个性的萨金特坚持了自己的想法,一年后,他成功考取加州大学伯克利分校。深明大义的父亲最后站在了儿子这一边。全家人“一路向北”搬迁，使这个“有主意的年轻人”则沿着他的学术道路奔跑下去。

再后来，托马斯·萨金特获得了2011年度诺贝尔经济学奖，取得了举世瞩目的成就。

高同学和萨金特虽暂时不能相提并论，但却有相通之处，那就是家长都尊重孩子的选择。

“上本科的学费父母可以资助一点，后续的研究生学习都是自己的事情。”面对父母对自己的高要求，高同学不仅没有埋怨之色，还对父母的谆谆教诲充满感激。

“当初幸亏铁了心考二中，若没有这个选择，可以肯定地说，不会有今天的可喜局面。”说这话的同时，高同学也没有忘记说“假如”。

“假如当初不能考进二中，进入其他普通中学，经过拼搏，考个好大学应该不是问题。但，绝不会有现在的好局面。”高同学看问题总是那么辩证。

“在二中这个平台上，由于在社团表现出色，参与国际交流的机会渐渐多了起来，于是历练的机会也接连出现。”

“先是去美国访问，住在大学教授的家里，并给教授一家人留下深刻印象。在申报耶鲁大学的过程中，教授还给写了推荐信。在二中的校园内，作为翻译曾经全程陪同过来自世界著名大学的教授。再后来，在国际辩论赛的舞台上，认识了耶鲁大学辩论队队长，由于自己的出色表现，给队长留下深刻印象。”谈话渐入佳境，如数家珍般谈到所收获的点点滴滴都成了高同学难以忘却的印记。

其实，正是高同学的孜孜以求，面对托福120分满分的他能拿到118分，由于各方面成绩优异，他收到了美国耶鲁大学录取通知书。

“感觉也有遗憾，由于已经被耶鲁录取，不能再像其他同学一样按时走进教室，听老师讲课，做课堂笔记，和同学探讨，更没有机会走进神圣的高考考场,这对人生来说不够圆满。”没想到,这么优秀的孩子,对失去高考拼搏一把的机会,也和人生联系在了一起。

令人欣慰的是,不参加国内高考的高同学,并没有放松对自己的要求,他依然每天在学校图书馆泡着,继续他不折不扣的“书虫”生活,丰富的阅读,使高同学的思想和见解有一种超乎年龄的深刻。图书馆的偶遇,虽在意料之外,却在情理之中。

第七章

读书与交流

英国哲学家培根说:“读书补天然之不足,经验又补读书之不足,盖天生才干犹如自然花草,读书然后知如何修剪移接;而书中所示,如不以经验范之,则又大而无当。”作为教书育人的使者,应广博悦取,让读书成为自觉行为,在开阔视野的同时,积极为明天的课堂做理念与知识上的储备。

多年来,读书不仅成了自觉行为,还利用教育博客、论文、专著等形式记录下了自己的读书感悟。如:论文《海的情怀 山的品质》《还需要理由吗?》《感谢跟头》等,都是在持续阅读《红蕾·教育文摘》后写就的心语。《心中的〈二泉映月〉》一文,是阅读课文《二泉映月》后的心灵感悟。《可贵的习惯》是阅读马德的《莫愁》一文后久久不能忘怀的印证。《再读“我交给你们一个孩子”》一文,是阅读《我交给你们一个孩子》后的心灵震撼。《梦中的精神王国》一文,是阅读苏霍姆林斯基《关于和谐的教育的一些想法》的感慨。博文《愿尴尬的局面能有所改观》、《读报偶感》是阅读《中国教育报》后发出的共鸣。文章《做执着追求的教育实践者》是三十多年历练后的沉淀……

读书没有想象的那么困难,挤点时间,给点空间就能实现。说是简单,做好不易,想要受益多多,虽不需悬梁刺股,却也要定力支撑。

读书是一种交流,交流却不仅仅只有读书。

7.1 从阅读中悟道

时常翻阅薄薄的一本杂志《红蕾·教育文摘》月刊,此刊每月下旬基本能送到教师手中。正如刊物标题,该刊既是文摘,自然是取其精华,亮其观点,展其理念,在短小的文章中让每一位沉浸其中的人,切实感悟到自己成长的新天地。正如包祥教授在《教育的一首歌》(《教育文摘》2011年第六期)所说:“《红蕾·教育文摘》短小精炼。在手,不沉。在读,不长。在品,不累。几百字或几千字文居多,读来无案牍之劳形,这正是它的特色所在。”

可能是阅读《红蕾·教育文摘》比较多的缘故,时不时总能从中受到启发。于是,尝试着将自己的一些教育故事、教学感悟整理成文,在确保观点明确，无错别字的情况下，寄给《红蕾·教育文摘》杂志社，社里的老师、编辑、领导还真包容，陆陆续续地将几篇文章刊登出来，这是对自己的最大鼓励，于是，一来二往就越发喜欢阅读《红蕾·教育文摘》了。

乐意阅读和写作不仅仅是个人喜好，还与自己所发文章中的观点能引起读者的共鸣有关，尤其是得到专家学者的认可，更是自己乐此不疲的动力。包祥教授在《教育的一首歌》(《教育文摘》2011 年第 6 期)中曾经谈道："于世章老师的文章《瓦伦达心态的启示》好像在悄悄告诉我们，教育行为的心理学化时代已经来临。"就这么一句话暖在作者心里。

阅读它的理由可以找上一堆，这些理由成了自己渐入佳境的"引路人"。虽不是每天一定要翻阅《红蕾·教育文摘》，可每当捧起它时，心中便油然产生一种温暖的感觉，正是这种温暖的放大效应，使我越发喜欢阅读《红蕾·教育文摘》了。如果说先前的阅读还需要找一些理由的话，现在的阅读完全成了一种自觉的行为。阅读还在继续，阅读不需要理由。

除阅读受到推崇的教育类杂志外，还阅读观点鲜明的名人文章，如阅读苏霍姆林斯基《关于和谐的教育的一些想法》一文，感慨良多。"学校应该是一个精神的王国。""只有当学校里出现了一个精神的王国的时候，学校才是真正的学校。""学习只是精神生活的一部分。"这大概就是自己多年来所追求的"梦中的精神王国。"

现实的学校教育是不能令人满意的，受升学和应试教育的影响，学生们一旦走进学校，就开始了历时 12 年的"苦行僧"生活。在学校，除了必修课上仅有的知识以外，其他知识很难涉及。尽管今日之舆论积极倡导素质教育，可真正将之落到实处的学校能有几所？究竟有几所学校能从长远考虑，为孩子们的一生负责？虽不乏有识之士为教育大声疾呼，但更多的学校还是只顾眼前利益。

学习成了解题，解题的目的就是为了考高分。

"不要让上课、评分成为人们精神生活唯一的、吞没一切的活动领域，如果一个人只是在分数上表现自己,那么就可以夸张地说,他等于根本没有表现自己;而我们的教育者,在人的这种片面性表现下,就根本算不得教育者,我们只看到一个花瓣,而没有看到整个花朵。"是啊,学校教育应该为学生的终身发展负责,为学生的未来负责,要让学生在学校里每天都浸润在浓郁的文化氛围之中,快乐生活每一天。这大概就是我期盼的"梦中的精神王国"。

"屈指算来,在三尺讲台已奋斗30多个春秋,其间虽没有值得炫耀的辉煌,却有自己的顿悟。

阅读需要坚持,更需要思考,如能在思考的基础上有所升华,即从阅读中悟道才是阅读真正的意义所在。

案头一直放着2009级六班同学编辑刊印的《光年》第二期。之所以长时间不曾收起,既不是因为它不够精致,也不是因为它少有保值意义,而是因为我对它有一份特殊的情感。一则给《光年》第一期写的一篇短文,编辑们如宝贝似地给刊登出来,二则是对该期杂志的卷首语《持弄生命时间》(摘自《莫愁》)一文久久不能忘怀。

文中叙述了从小在城里长大的夫妇俩,除了满脑子学问,其他什么农活都不会干。他们有一对儿女,还不到五岁。就是这样的一户人家,因为那个年代的原因,被迫从城里流落到乡下一个荒凉的小山村。朋友们带着担心去送他们,而他们的脸上却看不出痛苦与绝望,少有的平静让朋友们有些茫然。

若干年过去了,城里的朋友去看他们。轻轻地走到屋里,朋友们都惊呆了。只见他们一家人围坐在一张破旧的八仙桌旁,桌上,是新沏好的茶水,一缕淡淡的清香飘散在空气中。丈夫,妻子,儿子,女儿,每人手里捧着一本书,在这样一个初夏的午后,正静静地埋头读着。朋友们都知道,原先在城里的时候,男人就有这样一个习惯:每天午后,跟妻子一道沏一壶好茶,然后在茶香的氤氲中,品茗读书。没想到这么多年过去了,在这么荒凉的乡下,他们竟然还保持着这样一个高贵的习惯,几年的艰苦生活竟没有压垮他们。

据说，这一家人在小村庄里一直这样精神昂扬地生活了近 20 年。落实政策后，男人又回到了城里，成了一所著名大学的教授，而他们的一双在贫穷中长大的儿女，大学毕业后，一个留学于德国，一个留学于意大利。”

每每读到这里，总有一种莫名的感动。做一件事从喜欢到爱好是需要过程的，从爱好到付诸行动是需要决心的，从坚持不断的行动到成为一种习惯是需要毅力的。将这样的习惯在锲而不舍的精神中坚持下来，这就是可贵之处。

当然，能从阅读中悟道更是难能可贵。

7.2 我读《走笔岁月》

李宗津老师要出本新书《走笔岁月》，让我给他写个书评，这使我心生忐忑，一是资历不够恐画蛇添足，二是水平不足怕贻笑大方，可又找不出拒绝的合适理由，况且热情的李老师已将打印出来的稿件送到我的手上，看来，赶鸭子上架也要“载歌载舞”一番了。

多少年又多少次，和李宗津老师一起在市里开展教研活动，虽是教授同一学科，参加同样的会议，但因每次参会人员众多，认识和了解的机会少之又少，故印象模糊，人和名难统一。

2008 年，李老师的多篇文章被收录进《海天蓝月亮》一书出版，很幸运地收到李老师送我惠存的《海天蓝月亮》一本，至今保存完好，不时翻阅。从那时起，李老师的形象渐渐明晰起来，交往也就愈加频繁。

由于是同行，联系起来也就随意了许多。我的第一本著作《在学生的心灵中旅行》出版之初，李老师不仅提出了许多宝贵的意见，还非常热心地推荐青岛作家刘杰先生给我作序，使小作增色有加，至今那颗感激的心都难以平复，毕竟从书出版到现在，还没有任何表示感谢的行动。

李老师的新作《走笔岁月》刚刚脱稿，即打印送我阅读，激动之余，自觉不自觉地将感悟记录了下来。

一位数学老师,传授给学生的是非常理性的知识,按说,老师也应该非常理性才对,就像早些年电影里塑造的老师形象一样中规中矩,学究味特浓。

可李老师却在理性的基础上平添了许多写作的冲动。难道是工作性质使然不得不如此,非也;难道是因为晋级、晋职、考核、评优的必须,更是否定答案;难道是百无聊赖中的一种释放,不,他的字里行间流淌的是一种忧患、一种责任、一种使命。难怪,日积月累中,李老师的文章越来越丰富,思想的火花时时涌动。

李老师的《闲聊教育》一文在闲聊中发出了"教育究竟怎么了"的呐喊,看似闲聊,却蕴含思考。

一个有心人,一个有着几十年教学和班级管理经验的数学老师,紧张的工作之余,还在不断地揣摩自己所实施的教学行为。《教师和学生》中不仅提出了老师要对学生多一分理解,多一分宽容,同时也审视了教学管理过程中教师角色的定位。

教师的灵感来自哪里,作为教书育人的使者,李宗津老师的《人间天堂》《读书断想》《我的教育感悟(三篇)》等文章给出了明确的回答。做教师应广博悦取,让读书成为自觉行为,在开阔视野的同时,积极为明天的课堂做理念与知识上的储备。李老师就是这样将学校不大的阅览室作为自己阅览、思考和教学技能储备的天堂。

工作一日又一日地在平凡中度过,顺心的事,烦心的事,荒唐的事,不可思议的事,有心的李老师总是用豁达与浪漫款待。很多时候他"都会自欺欺人地、耐心地"等待着出人意料的现实出现,哪怕是"瞎想"或遐想,他都是这么痴痴地幸福和快乐着,不知道,这算不算一种洒脱,一种淡泊。

一个喜欢安静的人,一个用心观察着周遭的人,思想总是那么波澜壮阔。

他视动物如朋友。李老师去朋友家串门,却和朋友家的狗狗成了朋友,在李老师眼里“狗不仅是人类的朋友，更是人类的老师”。

他看小草如孩童。一首歌里唱得好“没有花香，没有树高，我是一棵无人知道的小草。从不寂寞，从不烦恼，你看我的伙伴遍及天涯海角”。欢快悠扬的歌声唱出小草那种悠然自得与惬意。小草虽没有树的伟岸高大，却也有坚韧与执着。虽不像云一样给人带来色彩斑斓，却更坚信根植于泥土的踏实与心安，李老师就像小草一样，乐观朴素，默默无闻中奉献着绿色。

他听《春天来了》的脚步声如孩童般兴奋。他面对一串串摇曳在春风中的迎春花，仿佛回到了故乡，回到了自己快乐无虑的童年。他就是用这种激情拥抱春天，享受醉人的风景。

他听凉风歌唱，享秋日风光。《天凉好个秋》成了他对秋日的寄托，“他喜欢秋天的漫山红遍，更喜欢秋天的小径幽幽”。面对秋日，他“会瞪大眼睛，屏住呼吸，拿起笔来，调动全身或迟钝或明锐的感官，贪婪地把秋日的一切都感知下来，记录下来，储存下来”。他就是为秋日吟唱的歌者。

生活中的平常，却能在李老师的笔端升华。诗歌是从心底流出，读后会让人激动不已，文章是用心写就，阅毕会余香萦绕。点点滴滴到了李老师那里都充满了诗情画意，难怪李老师作品频出，别有新意。

阅读李老师的一篇篇文章，能触摸得到一颗心灵的跳动，聆听到一位数学老师对教育的赞美，对人性真情的述说。文笔可能不及大家的作品优美，但却是李老师真情的流露；文章虽不是长篇大论，却是思考后观点的迸发；全书中“功利”二字难觅踪影，细读中却能品出一位老师的睿智、平和与宁静。

一个对生活没有过多渴求的人，奉献出来的却是满腔热忱，没埋怨，不彷徨，就这么一个默默耕耘的人，还在一如既往的前行着。

7.3 反馈

我时不时地去网友晶晶老师的博客里浏览一番，一来是想借鉴观点，二来是关注其中的一篇文章《听于老师报告之实话实说》，不仅因为文章与自己有关,更因为文章的每一句话都来自心底。

受晶晶老师所在学校之邀,为该校全体教师做了个报告《做愿意改变自己的人》,虽说报告经过了精心准备,效果如何心里还是没底。会议结束后,就很冒昧地向晶晶老师请教,希望听到老师们会后的反馈。

没想到就这么一个小小的举动,在晶晶老师眼里成了"负责和谦逊"的代名词,成了"爽直坦荡敢说敢做的人"。其实,这是报告人不自信的明显特征。

好像是在报告的影响下,晶晶老师也"有啥就直说了"。

可能都来自教学一线,有共同语言的缘故,全校教师很少见地"这么专注地听一次报告,会场上大家都很用心,生怕漏掉您讲的内容。绝大多数老师都带着笔进行记录,也有老师带着相机,把出现在大屏幕上比较重要的拍下来。"——这种现象我自然有所感悟,因为是我亲眼所见,感动人的场面确实如此。

"可能你一直在一线当老师,所以你讲的话没官腔没架子,没要求,没大话空话。都是你实实在在的事情和观点想法,所以我们很容易接受。不像有些人,一落座就把自己摆到高高在上的位置,一开口就把自己摆在老师的对立面。但是您和蔼可亲,做实事说实话。俺们都喜欢。"——你想啊,你我都是老师,都在三尺讲台亮精彩,巴掌大的地方,大家怎么做都是心中有数的,同行们面前自然是"如实招来",不敢有半点造次,谁敢在"关公面前耍大刀啊。"这是我的心里话。

"我们都感觉,你确实是一个有心之人。多年如一日做实实在在的事情。不应付,不拖拉,这点我们全体老师都很佩服您。"——一场报告下来,老师们把我看得透透的,不得不佩服贵校老师的洞察力。这点我承认,这么多年确实记了不少的流水账,没想到有一天还用上了,个中的观点还能和老师们交流,现在看来坚持也能使人进步,既如此,流水账就继续记下去吧。

"听了您的报告,有种感觉是'羡慕嫉妒恨'了。羡慕你们那里的生源好。”“招上来的学生素质本来就很高。”——这也是事实，不可否认，既有历史的也有现实的原因，学校能得到社会的认可确非一朝一夕之功，是一代又一代二中人努力的结果。

“在听完你报告回去的路上，老师们讨论，人家青岛二中是什么学生什么素质，我们又是什么的学生什么样的素质，或者说，您说的很多对待学生的方法和工作的方法，对我们的学生是不适用的。人都说教学相长，好老师培养好学生，好学生同时反过来也迫使老师增强能力。（这点是其他老师亲口说的）”——晶晶老师的话颇含哲学道理。同一个问题确实需要辩证地去看待，毕竟教学相长啊。

虽然事情已经过去了，每每浏览晶晶老师的这篇文章，总有新的感悟产生，有许多值得欣赏的观点。

本想了解报告后的反馈，却有了对反馈的再反馈，这大概就是观点碰撞。类似碰撞后的火花能成为火苗是最好不过的事情，若火苗能在尽量长的时间内给别人带来些许启发，也不枉自己的一番思考。谢谢晶晶老师，祝健康幸福！

7.4 别样的交流

提到交流，大家会罗列一大堆不同的方式。现下来说，网上交流不失为一种便捷顺畅的渠道之一。当然，交流的话题可以多种多样，交流的理由也可以千姿百态。比如，偶然相识，可能就是交流开始的原点。

受崂山六中校领导邀请，利用一个空闲的下午，和六中的老师们面对面来了个交流。说专题报告也好、教师培训也罢，彼此间均有收获。

可巧的是，我现在所带班级学生中，屈剑虹的妈妈也在该校任教。本不相识，但因为孩子的缘故，一线相牵，交流的话题多了起来。从各自的教育教学，到教学过程的各个环节，以及孩子在校的表现、职业生涯规划等，都成了交流的话题。

可能是时间较紧,也可能是同行谈话投机的缘故,分手时话犹未尽。于是,网络弥补了这一缺憾,利用博客进一步交流:

尊敬的于老师您好,我是崂山六中的一名历史老师,也是您的学生屈剑虹的妈妈,之前听说您要到我们学校来,我就感到非常高兴和幸运,一是因为我孩子能遇到您这样一位德高望重、学识渊博的老师实在是太幸运了,真是她的福气;二是作为同行能亲耳聆听您的教学理念,真太幸福了。今天听了您的"做愿意改变自己的人"的精彩报告真是受益匪浅,我个人认为只有一线老师,真正热爱教育事业,热爱学生,心静下来潜心研究学问,有过多年的教学经验才会达到您的这种境界。"传递一种思想,贯彻一种理念,提升一种境界,带来一份惊喜,享受一份心情。"细细品味,真是意味深长。于老师我也不太会表达,但我从心里仰慕您,敬畏您。谢谢您,于老师。

语不多,却有夸大之嫌,我是一个一线老师,哪称得上知识渊博,我知道自己有几斤几两。家长的肯定,是对我的鞭策,我既不会骄也不会傲,仍会一如既往地做好自己的工作。

看似简单,实则繁杂,需要人的耐心,要沉得下心来,教学又何尝不是这样?心烦气躁是做不成任何事的。上周四在崂山六中听了于老师的讲座,收获很大,受到很多启发,记下了于老师的博客。我的孩子现在二中高一(16)班,叫孙佳文,如果于老师有机会请多关照!我作为家长将非常感激!

这是另一位在崂山六中任教,孩子在二中的学生家长。虽未曾谋面,但因孩子的缘故,心拉近了许多。

于是,我毫不犹豫地给了回复:"交流有多种形式,博客中的跟帖是交流的方式之一。如果在来来往往中有所收获,那将是观点碰撞后的结果。再次感谢您,孙佳文我会关注的。"

说出话来,自然就要兑现。于是,利用周一晚值班,和孙佳文有了一个简短的面面交流,话题自然离不开学习。这是给自己的一个交代,也是对朋友的一种尊重，一种承诺后的兑现。

于老师，真不知道该怎样感谢您。对我这个未曾谋面的人的要求，竟然亲力亲为，昨天孩子从二中回来高兴地告诉我：于老师去教室找她了，当时她们正在上晚自习。这么晚了，于老师还在百忙中抽出时间去看我这个根本没见过一次面的人的孩子。叫我怎不感激涕零！

没想到，就是这样一个看似平常的行动，却把孙佳文的妈妈感动了。

孙佳文的妈妈在看到二中校长实名推荐北大清华学子的面试题："假若金钱、权利、荣誉这三个词中任意选择两个词来表达你的思想，你将如何选择？请阐述你的观点后，留下了自己的观点。"她的回答是：

我想我会选择权利和荣誉，真正的权利意味着责任，比如达到一定的职位，当然一定有相应的权利，同时也意味着他的责任更大，对他人、对社会的影响会更大，所以对他的个人素质要求更高，对他的个人修养要求更高。荣誉代表着一个人责任完成的程度，责任没完成，工作严重失职，会造成严重的损失，当然不会有荣誉。荣誉代表着能把自己的职责完成得非常好，成就卓越！当然现实世界里，有时候，荣誉并没有颁给应该得到的人。那就另当别论。我这里只谈理论上的权利和荣誉。

能不让人感动吗？作为学生家长，别说就一个具体的题目谈自己的观点，就算关注一下面试题目，也是对学校工作的支持。交流还在继续，期待更多观点。

7.5 听于世章老师做报告

非常偶然的机会我读到这篇文章：

名校出名师，名师育高徒。不知是青岛二中因名校而出高徒，还是因为青岛二中因高徒而成名校，反正名校和高徒都离不开名师，名师是功不可没的。

我想,这是大家都认的理。

听说学校把青岛二中的名师于世章老师请进家门,给我们近距离聆听报告的待遇,老师们自是满怀敬意充满期待,像洞中寻宝一样探幽著微,想象着从于老师身上寻得些许教育的宝藏。

50岁的于老师如邻家大叔一样朴实而亲切,越是大学者越有的谦虚一下子拉近了台上专家与台下听众的距离,没有高高在上,也没有高深莫测,对教师、对学生、对教研组的独特感悟让我们觉得贴切又新鲜,熟悉又深刻。所谓登高望远,见多识广,对于在国内享有较高知名度,又见识过英美顶尖高校的于老师来说,他的见解自然非我等深居简出的小辈可比,可是这些感悟来自一线,来自我们每一天都在经历的教学实践,于是像细腻的触角,伸进了我们内心最柔软的地方,让我们浑身都熨帖都舒服。

可是,最让我们震惊的不是于老师的深知高见,而是作为一个数学特级教师独有的诗情画意和文学情结。参观高等学府,指导青年教师,莅临会议现场等等经历和感受都凝聚成一首首小诗、一篇篇散文,将短暂的思维火花幻化成永恒的瞬间得以存留于世,温暖着自己,也温暖着得以走近于老师的人。哪怕是抽象的数学知识,深奥的教育理念,于老师都能用形象生动的文字将之描绘,让他们变得亲切可感,亲近可人。以记忆三角函数在各象限的符号为例,于老师的诗歌可谓朗朗上口,化繁为简。“正弦一二全为正,余弦一四情独钟,正切一三弄倩影,各展妩媚为谁红?”

他也能用诗歌来表达和学生相聚的情形。“伴着冬日里少有的暖阳,聚会在这金碧辉煌的千禧园。享受着师生间种下的殷殷亲情,重温那曾经的美好时光,畅谈分别后心语弥香,欢乐与惊喜已挂满脸庞。香茶美酒已让人陶醉,绿叶红花映衬出蓬勃与希望。声声问候已种在心坎,耀眼彩灯已将祝福祈求,劝君开怀畅饮,来个一醉方休。”

所谓有其师必有其徒,耳濡目染的学生也能在课堂小结时随口吟出“青山青,青山是山;椭圆椭,椭圆非圆”的诗句也就不足为奇了。更有才子,能在一首长诗里嵌入“在平面里到两个定点距离的和等于定长的点的轨迹是椭圆”这个“椭圆”定义，实在令人咂舌。

丰硕的成果来自辛勤的耕耘和诗意的心境，仅此一点就不枉了一个半小时听报告的时间。既要脚踏实地，又要仰望星空。于老师的故事让我们看到了宝石蓝色的天幕上熠熠生辉的新星。

这篇文章让人感悟多多，不回复几句仿佛有一种对不住作者的感觉：

该文不长，却道出了参与活动当事人的内心感悟。本是一次平常的交流，没想到能引起茉莉花儿开老师的共鸣，这是最让人感动的地方。当教师不在于教什么学科，只要有心就成，茉莉花儿开老师是有心人。随着时间的流逝，活动留下的印记也在渐渐地淡忘，可文淡风清中的那份咀嚼却让人回味悠长。

7.6 信仰的力量

作为友好学校，奥马尔老师带领经过全以色列选拔的16位同学组成的交流考察团，来二中交流访问。

作为高中数学老师，能带领以色列历史上第一个来中国访问的青少年交流团，这是一份荣誉、一种信任，从另一方面来说，也带有一定的褒奖性质。

奥马尔是布里奇中学的数学老师，是以色列2011年度的最佳老师。以色列每年评出6位年度最佳老师，对于重视教育的以色列来说，能在全国教师队伍中脱颖而出，足见其专业功底之厚实，这从和奥马尔交流的言谈话语中能够得到印证。

印象中，以色列多数人都有信仰，网上给的数据是：以色列人76.1%信仰犹太教、16.2%是穆斯林、2.1%是基督徒、1.6%是德鲁兹教派、3.9%未分类。想不到的是，奥马尔老师没有把宗教作为自己的信仰，而是把教学作为自己生命中的一部分,视教学如生命,难怪取得那么多令人瞩目的成就。

奥马尔阅览广泛,专业书籍自不必说,就是与专业毫不相干的历史、文学书籍,也是他的选择。与人不同的是,读专业书籍时,不只是弄懂知识脉络,还能读懂每一个数学概念背后的故事。于是,数学课成了故事课、趣味课,难怪学生喜欢尤佳。

为了提高课堂教学效率,奥马尔除语言生动外,还会有表演,声情并茂肢体夸张之下,教学效果自然不容置疑。

更绝的是,奥马尔把魔术中的数学、电影中的数学引入课堂,这样的课堂自然是妙趣横生趣味无穷。就在和二中数学组老师交流的现场,奥马尔展示了自己的才艺,赢得满堂彩。

奥马尔工作繁忙,每周 24 节课,任班主任,教授高中阶段最难的数学 3 级课程。由于是以色列最佳教师之一,他每年都要面对同行作一次讲座,虽说不上多,可要年年内容不同,也是需要长期思考和积累的。

以色列人的自强不息,以色列人对教育的重视程度,以色列人对工作的那份激情那份豁达,在奥马尔身上一览无余。短暂的交流,已留下难忘的印记。隔年,受奥马尔老师所在学校之邀,青岛二中师生回访了以色列。

7.7 实话实说

各种公开场合,实话实说是很难为人的事情,不是不想说,而是受风气裹挟,很难将实话和盘托出,不然的话会留下“这人比较另类”的感觉。

公众场合毫无意义的官话套话,弄的人们昏昏欲睡也就罢了,业务研讨却来不得半点虚假。

最近受几个学校、教体局所邀,就教师专业发展、教师成长等方面谈谈自己的感想。

任务一旦接受,选题成了挑战:从哪些方面来谈,谈些什么,老师们关注什么? 切入点又在哪里?

作为一线教师，确实欠缺高深的知识，也没有专家高屋建瓴似的前瞻引领，但却有30多年的一线教学经历，有成长过程中的点滴感悟，有坚持不懈的教学积累，有对本专业教育、教学研究的思考，有常年担任班主任工作的酸甜苦辣。于是，就将交流的重点放在这些方面实话实说。

大方向即已确定，选题自然轻松许多。于是，在不同场合，分别以《做愿意改变自己的人》《将教书育人嵌入自己的骨质》《在学生的心灵中旅行》《诗情画意的数学课堂》《个性化教学》等为题分别和不同学校的老师、领导做了交流。

可能是自己缺乏自信的缘故，每场“报告”结束之后，总想了解参与者的感受。一来对自己后续发展有个矫正，二来想了解“报告”是否能对与会者有所引领。

“再次佩服您，做过报告后您还会亲自询问做报告后的效果。这又充分说明了您的负责和谦逊。”这是一场交流之后网友晶晶老师文章中的一句话。本人绝没有文中所说的那样谦逊，只希望能不枉老师们2个小时的忍耐。

“通过您的报告我看出来您确实是个爽直坦荡敢说敢做的人。”业务研讨确实应该1+1=2，但有时候的发言也是言不由衷，毕竟人在江湖身不由己。

“不得不说，我们全校老师很少这么专注地听一次报告。会场上大家都很用心，生怕漏掉您讲的内容。绝大多数老师都带着笔进行记录，也有老师带着相机，把出现在大屏幕上比较重要的照下来。

“最后说一点，您来做报告，我们当然不能把您的做法一点不变地实行‘拿来主义’，任何事情都学会变通，通过您讲的，让我认识到，不一定非得用您的方法，只要拥有了您那种对待工作的敬业精神，总可以找到适应我们自己的方法。”实话，绝对的实话。教无定法教学有法，找到适合自己的教学管理方法，是最好的方法，感谢晶晶老师实话实说。

7.8 相遇在文字中

很难说认识,更记不起哪怕相遇时一次无语的点头。有人会觉得奇怪,事情就这么发生了。

打开电脑,屏幕上跳出刘娜的名字。陌生自然产生好奇,习惯使然,不容拖拉,于是,迫不及待地打开来看。

首先映入眼帘的是如下一幅图画。下方的注释:"蓝天下的向日葵,有着无限的美。发现美、欣赏美、创造美,审美的人生,值得一过。"这是人生的态度,如蓝天下向日葵般灿烂。

接下来,看到了文章的标题和副标题《每一个领域都有有心人——读于世章老师的书有感》。

原来,这是17中化学老师刘娜在阅读《在学生的心灵中旅行》一书后的感想。

刘老师为人师为人母,工作辛苦我能体会至深,操持家务相夫教子自然也是忙得不亦乐乎,能抽空读读书实属难得。原来,刘老师是利用孩子熟睡后的"大好民主自由时光",在思维的空间中整理点滴感悟。

"有的人当了官,比官的大小。有的人发了财,比钱的多少。"——老师能比什么呢?那就比比奉献,比比生命的价值吧。

"作为一名老师,注定平凡。但是平凡不等于平庸。"——就是心中有这么一股力量,刘老师在边走边写中实践着生命的意义。

我赶紧给刘老师回复:

仔细阅读刘老师的文章,真诚感动着我。文笔优美自不必说,但就对某些问题的思考，深入中有可贵的观点，这是一般人很难做到的。那么晚了，还在笔耕不辍，着实令人敬佩。

若是因为《在学生的心灵中旅行》中的观点，能给同行中的不同学科老师带来一点启发，这是对我个人工作的最大支持，当然也是我下一步工作的动力所在。

突然间想起一个帖子，开头大概是这样几句话："有人问：你是搞教育的？我回答：不，我只是个老师！有人问：你是人类灵魂的工程师？我回答：不，我只是个老师！有人问：你的工作是天底下最光辉的职业？我回答：不，我只是个老师！有人问：你是吐丝的春蚕，你是化泪的蜡炬？我回答：不，我只是个老师！可是，对不起，真的对不起，我不知道大家所描述的到底是谁？我，只是个老师！"仅以此共勉！

没想到，感动还在延续，刘老师回信一封：

于老师，您好！昨日如此莽撞，给您消息，心中十分忐忑。怕被置之不理，而心有尴尬。所以今天收到您的回复很高兴！以前只是对于老师有耳闻。后来看到了您的书。最近我查阅电脑，发现2012年写的关于读您的书的随笔。于老师作为一个理科老师，逻辑性自不必说(数学与物理是最需要逻辑性的吧)，也具有极强的感性思维，如论茶艺、研修、教研组长培训、专家讲座，均有记录、随想。对人生的感悟，也是难得的诚恳。因为随着阅历的增加，我也感觉到了人生免俗之困难。此外，近期在重读您的书时，发现了那句您推荐的话，十分精妙！立马收藏。人的心灵，需要一些警醒，让自己的心落到地面。

一位朋友对我说："女人35岁就该有自己的语言，你还对别人的话感兴趣，是什么原因？"呵呵，其实并非我不够老，而是我对思想怀有很大的兴趣，我能够从一句精彩的话中体会到乐趣。人在追寻着，可以安顿自己心灵的同伴。为有共鸣而欣喜。

和刘老师相遇在文字中,干净,无所求,更无功利在其中。虽偶然,却不乏缘由,因同行追求自然略同。正如刘老师在《在文字中相遇》的诗歌中所写:

在文字中相遇,偶然遇见,一颗相似的心灵。那是一个美的旅程,拨开路的迷蒙。总有一些相遇,值得怀想;总有一些梦想,值得向往;总有一颗心灵,值得敬仰。没有一个人的心,是完全的孤岛。精神的世界,眺望远方。

7.9 再俗上一把又有何不可呢?

过去写东西,有功利心,是不争的事实。现在写,已没有了往日的浮躁,只是将看、听到后沉淀下来的东西,不加掩饰地整理出来,和大家分享。

不知是阴差阳错般使然,还是鬼使神差般错位,青岛17中化学老师刘娜,在孩子睡觉后的"不可多得的大好民主自由时光!"居然又一次拿起了我的拙作《在学生的心灵中旅行》阅读,并在夜里11点钟"很有启发"地留言:"重新翻阅于老师的书,发现在序言中,他引用了维特根斯坦的一句话'我贴在地面步行,不在云端跳舞'。他说,这句话可以让他平静浮躁。此言深得我心。人需要一些警醒,让自己尽量地摆脱浮华,落到地面。我也可以说'在云端跳舞之前,先要贴着地面步行'。心可以怀着梦想,但是脚要落到地上。我在网上专门查找了这句话,另外又收获了维先生的另外一句话'不要嘲笑别人内心深处的东西'。在哲学家这里,我会感受到,什么是深刻。"有心的刘老师在感怀,无形中也给我提供了深入思考的空间。

都很忙碌,读书思考的"时间都去哪了?"大家都在问。其实,时间就在如刘老师般"不可多得的大好民主自由时光"里,在繁忙工作的闲暇中,在吃饭排长队慢慢蠕动的望眼欲穿里,在晚上睡觉前电脑键盘的敲击中。

挤出的时间里,把经过思考后的观点细细梳理,今天写一点,明天写一点,停停写写,点滴汇聚、集腋成裘中渐渐有了自己的观点。

"在他的书中,既有理性的色彩,也有感性的呈现。如结束美国教育考察的时候,他说他的同事站在那里送别他们,显得那么孤单。有句话说:优秀的男性，不仅理性，也具有感性；优秀的女性不仅感性，也有理性。也就是说，一个优秀的人，往往不仅具有本性别的优势，也具有异性性别的优点。”——刘老师的观察不可谓不细致。

“于老师比我大 14 岁，我想如果每年能够用心写两篇文章，再过 14 年，我能写 28 篇文章，也可以向他看齐了。看他的书给我很大的激励！一个老师也可以走很远。有的人当了官，比官的大小。有的人发了财，比钱的多少。作为一名老师，注定平凡。但是平凡不等于平庸。可以有意识地尝试理想的教育，改良自身的教育教学行为，书写自己的教育教学实践。在平凡中，边走边写，积累自己的精神财富，成为一名精神的富有者。立德，立言，立功。书写，也是立德、立言的过程吧！人的内心似乎有一种力量，要证明自己的价值，证明自己的存在。”——一个人的观点能给别人带来启发，并能带来“很大的激励”，这是我始料未及的。观点能得到认同，并能给人以借鉴，这对自己来说也是一种激励。

又一个早晨，打开电脑，屏幕上立即跳出刘娜老师老师的信息：

“于老师，《教育文摘》2014-7-8 有你的文章，34 页，《把教书育人嵌入自己的骨质》。这种提法很特别。总结的几个方面也很好：广借鉴，细梳理，重阅读，勤动笔，多反思，最后，淡淡地思，从容地行。你在结尾又化用了：我不在云端跳舞，贴着地面步行。祝贺你，于老师。教师节将至，节日快乐”

原来，我在《中国教师》发表的文章《把教书育人嵌入自己的骨质》，被《教育文摘》第 7～8 期合订本转载。刘娜老师在开学之初看到了杂志中的这篇文章，赶紧告诉我，对我来说当然是个好消息。

我忙不迭地回复：“谢谢刘老师传来的好消息，更感谢刘老师一直以来对我的关注。到目前为止，虽没有看到这篇文章，可负责任的编辑老师，早已将稿费寄来。”

“哈哈，我们学校刚发的，看到有你的名字很亲切。所以仔细阅读。34～36 页。在细碎的生活中，依然坚持，有所追问，有所思考，是一种理想的状态。"临了,刘老师又幽默了一把:"除了物质稿费还有精神'稿费',对吧?"

我赶紧客气:"最主要的是得到同行们的认可,这是金钱买不来的。文中的观点仅是个人在教学过程的点滴感悟而已,然后整理成文,投给了杂志社,没想到杂志社还真给面子。"

刘娜老师还在鼓励我:"小标题是一个很好的概括。这个提法很好。嵌入骨质,深入骨髓。此外,结尾处的追问也很好,教育的核心在哪里,教学的目的仅仅是为了升学吗?"

"刘老师这么赞同我的观点,太让人感动了。"

"这在有些人看来,是高谈阔论。在我看来,却令人感兴趣。当然,最后还是要回到:脚贴着地面步行。"

读刘老师的留言,已经有点飘飘然。虽然写过《谁又能脱俗呢?》用来提醒自己,可那种免俗之心却很难挥去。"水至清则无鱼,人至察则无友。"为了鱼欢友多再俗上一把又有何不可呢?

7.10 "老班"新传

在 2014 年高中信息技术应用能力提升工程,骨干教师高级研习班第一期 2 班的 QQ 群里,不断出现"老班"字眼,不明就里的人听来会一头雾水,而因缘身在"此山中"的人自然是心如明镜,原来"老班"是 2 班学员对班长周金花的爱称。

说起"老班",不是因年龄缘起,也不是资格够"老","老班"不仅不老而且还相当年轻。可能是因为前年是班长,去年是班长,今年又是班长的缘故,也可能是她的细腻、她的轻盈、她的笑声、她的服务意识给大家留下深刻印象、赢得广泛赞誉的缘由,大家爱称她为"老班"。

"报告老班:20 号机器重启了两次,还是不肯露出庐山真面目,有何处理办法?"

"老班:今天无线网 516 上不去,请问一下原因。昨天有一段时间网速飞快,每秒 1mb 以上呀!!”

“老班请帮忙,笔记本上 Wifi 怎样设置网络?”

大家不拿“老班”当外人,有什么难事直接呼叫。“老班”也就像音符一样在班内跳来跳去,一个个难题的解决,凸显“老班”过硬的技术功底,难怪大家有难事就找“老班”,毕竟人家能手到“病除”。

“老班”是个细心的人。信息技术应用能力对年轻人不算难事,但对年龄稍大一点的老师来说却不是一件轻松的事情。如何提升班级整体培训质量,“老班”有自己的思想,她将年轻教师和年龄较大的教师合理搭配相邻而坐,使老教师的经验和青年教师的技术有机结合,两者在相互的探讨中共同收获,看似一个不起眼的做法,却给大家的学习带来了便利。

“老班”很谦虚。一个班级,几十个人,说不定谁的机器在何时出现“不适”,“感冒”的机器时有出现,若同时几台机器出现“罢工”症状,“老班”就会忙得不可开交,一边修理调试,一边虔诚地道歉:“这两天老师们辛苦了,机房的机器经常出问题没有及时给大家解决,给老师们带来的不便请谅解。”

“老班”很认真。工作一旦明确,“老班”都会不折不扣地执行,讲起事来也是毫不含糊,有时甚至是严厉有加不容置疑:“定于今天晚上 7:00～9:00 召集部分教师座谈,名单已经确定,下午公布,请有关教师按时参加。”类似的座谈会,大家是不乐意参加的,一来牺牲了休息时间,二来当着众多领导的面阐述观点恐有不妥,因为领导是愿意听赞歌的。

“老班”传达“命令”的口气不容置疑,参加会议的人员也就无一缺席。虽说“老班”把晚上小范围的“业务活动”给搅黄了,大家不但没有怨言,与会的我等学员,还在会上,当着领导的面,把“老班”狠狠地表扬了一番,这大概就是“因果报应”。

关于纪律,“老班”强调:“研修班实行封闭式管理,谢绝出门喝酒,因故不能在餐厅就餐者,提前半天告知‘本班’。避免餐厅准备的饭菜浪费。”

声调不高,却掷地有声,所有学员就这样按纪律要求参加培训。培训虽然结束了,“老班”却已种在心里。

7.11 一次有意义的活动

成立名师工作室已两年有余,期间按要求搞了不少活动。比如进高校进行高端培训接受再教育,相互间的同课异构使同伴间的相互影响最大化,聚在一起或自主读书活动后感悟交流的相互借鉴,应邀到兄弟学校给老师和学生搞教法和学法讲座的短暂影响,都没有跳出传统模式的条条框框,更谈不上创新。

如何才能使工作室的工作开展得既有意义,又有所突破?机会终于等来了。2016 年崂山区教体局邀请我给新入职的教师进行两天的全方位培训,如果仅仅是一个人唱独角戏,既没有新鲜感,也不会达到预期的效果。就如朱家洼小学王晓芳老师坦言:“我们带着多多少少的倦怠和不情愿,乘着 375 路车赶往实验小学中韩校区,参加崂山区 2016 届新教师培训,说句心里话,当时是极不情愿的。和小伙伴们商量着去了找个角落睡一觉,让台上所谓的专家自己玩去吧。”

面对这样的培训现实,我灵机一动,邀请名师工作室的成员老师参加,要求每位老师从不同角度,谈谈自己的成长经历、教育故事,以期引领与会的新教师。主题就定为“于世章工作室成员与崂山新入职教师面对面”。

10 月 22 日,会议如期在崂山区实验小学中韩校区多功能厅召开。工作室的每位成员,就新教师入职后的角色转变、如何做好职业规划、如何做创新型教师、如何脱颖而出快速成长、如何定位找准发展方向等问题,进行面对面广泛交流。

活动共分为五个环节。一是由刚从美国进修回来的本工作室成员孙云涛、周峰两位老师介绍美国之行的感悟,并就中美教育的异同从不同角度进行解读。内容涵盖教育法规、课程设置、创新教育、课堂教学、教育管理、翻转课堂、教育前沿等问题,并就老师们关注的话题一一进行了解答。

二是由本工作室成员、年轻教师、即墨一中数学教师全晖，就自己的5+2+4成长经历与大家分享，受到新入职教师们的广泛关注。我在点评时谈道："全晖老师的发言，看似平淡，却最接地气；貌似缺少激情，却是现身说法；有过徘徊，却总能在反思中前行；多少次的尝试，都是在勤恳中完美；教学是艺术，全晖老师就是化身；一个人就这样虔诚地耕耘着。"

三是工作室其他成员就自己的成长经历、教育教学，从不同角度一一和大家分享自己的教育故事，并就老师们的提问一一做了回答。

四是我以《做有思想的教师》为题，从什么是思想、望而却步的"思想者论坛"、几点感悟、思考后的回答也许会更精彩、我爱我家等几方面，就自己的成长经历、教育思考、教育智慧，与新教师分享教育故事。

五是新教师间相互分享培训感悟。争相发言的老师，都能结合本次活动的所思所想，化解入职后的困惑。王晓芳老师谈道："谢谢于世章老师工作室成员的经验分享，对于我来说，这确实是一笔财富。通过本次活动，我以后一定做一个有心人，多观察，多记录，多读书，要把自己的课堂演绎得诗情画意。""'随风潜入夜，润物细无声'，教育的魅力无处不在，接下来的一年、两年……作为新教师的自己，一定要努力多读书、冲破条条框框的束缚，不断丰富自己的头脑，从而成长为一名能够展现诗情画意的课堂、为孩子们带来惊喜的好老师。"

7.12 偶然的收获

偶然的机会，在网易博客中看到网名叫知鱼的作者转载过来的一篇文章。他说："本校这两天大规模的教研活动今天下午结束，真想去听听化学课或语文课，但最终还是打消了念头。今天看到山大附中'快乐出发'的一篇博文，转载过来，连数学课都可以上得如此诗情画意，可见课改的空间很大，只要你肯去想。"

如果没有猜错的话，原文作者应该是济南一中的老师，之所以如此猜测,原因是博文中的一句话:“处理完学校里的事情,我和两个同事一起匆匆赶到那里。”原来,这是华东师范大学在济南一中举行的一次全国性的同课异构活动,我作为主讲教师参与其中,自然是感悟多多印象极深。

读到这篇文章,自然有一种亲切感。本次活动,不仅仅是上一次同课异构课这么简单,重要的是同行间的观点交流。数学课究竟怎样来上,才能使学生充满情趣,使教学效果最大化,这是每个数学教师值得探讨的话题。

为了上出特色,备课之初就设想,把数学史志教育融入其中,将数学内容诗歌化,这样不仅能提高学生的学习兴趣,还会让学生切实感受到数学课堂也可以充满诗情画意。

下面全文转载知鱼的博文:

从学生时代起,一直对数学老师有一种印象:做人正直,做事严谨。因此,对于数学课,少了一份诗情画意的期待。印象中,高中的一位数学老师相当的有文采,总能把比较生硬、简洁的数学语言非常婉转地讲给我们。除了佩服,更多的是羡慕。

今天,济南一中组织了“聚焦课堂,同课异构”活动。处理完学校里的事情,我和两个同事一起匆匆赶到那里,聆听了青岛二中于世章老师和上海延安中学于在洋老师的风格不同的两节课,有意想不到的收获。两节课,都是讲《三角函数的定义》(高中内容)。请看于世章老师充满深情的开场白:

又一个阳光明媚的春日,又一次高朋满座的聚会,

又一群求知若渴的学子,又一个续写精彩的契机,

这一切都是为了两个字,“教”与“学”。

我听到,人群里发出了低低的笑声,为于老师的动情、文采,还是冒酸气?不得而知。听到这番抑扬顿挫的话语后,我一下子来了精神。接下来,于老师点出课题后,却让学生集体朗读课题。说实话,让高中大孩子集体朗

读数学课题，我当时觉得有些犯傻。可是接下来，于老师并没有直接让学生学习定义，而是提出问题：你从三角函数的定义这个课题中读出什么？这个问题没有固定答案，又容易回答，于是学生争先恐后发表自己的见解。随后于老师利用数学家华罗庚的语句概括了学生们的发言。我以为，该引出定义了吧，可是，于老师依然不慌不忙，让学生阅读有关三角学起源的资料，这不仅对于理解三角函数的定义有帮助，更重要的是能激发学生学习的兴趣。原来一个概念的形成经历那么悠远的历史，有那么多相关的知识值得了解和学习。在将学生的思维打开后，随后又是几句精美的小诗：

一篇短文让人懵懵懂懂，

一种"量天"的学问，早已让人魂牵梦绕，

一种渴望已在心头升腾，

一种冲动将在无限的希望中付诸行动，

这大概就是学习的动力所在吧！

我想，这节课，学生一定会产生一种冲动，一种求知的渴望。接下来，老师循循善诱，一节课紧紧围绕三角函数的概念，设计了七个探索问题，由浅入深，让学生感受到概念的形成过程，领悟到概念的内涵，并能将定义熟练地加以运用。而课堂小结，更是让这节课锦上添花：三角函数名不同，坐标比值却得宠；符号跳跃各象限，任意角间觅倩影；新知旧知互迁移，探索当中寻奥秘；想要"量天"学三角，平凡唱响主旋律。

没有一点为了完成教学任务而赶课的紧张感，诗情画意的语句，始终如一的笑容，学生轻轻松松地掌握了一节课的内容。这需要一种胆识与气度，需要一种积累，更需要一种智慧。

偶然的收获。一节同课异构，上完也就完了，没想到还能影响到有心人，还能有观点相同者。虽过去了几年，这种偶然的收获还是把自己"偶然"地感动了一把。

7.13 迭代式深度交流后的一朵“小花”

为均衡发展计，国家推出东西部帮扶计划，青岛市对口贵州省安顺市。由于是政府行为，各部门行业间帮扶工作开展的力度较大，进展顺利。

学校和学校之间的结对，也是这个大计划中的组成部分，青岛二中结对安顺二中。用领导们的话来说，这种结对一要讲政治，二要讲感情，三要讲成效。话说出来轻松，真要做到有实效结硕果，可不是光说说那么简单。

既然结对，就应该有个名头，既方便做计划又便于推进项目落实。政府层面用帮扶二字，可能考虑到政治、经济、软硬环境、创新创造等各个方面。具体到单位对单位之间，有时候用帮扶这样的字眼不一定恰当。因为彼此之间相互借鉴的东西很多，一般来说，所有优势不会集中到一方，相互学习既显虚心也显品位。

深思一番之后，两个二中就用了迭代式帮扶这样的名称。青岛二中先后派出多批老师远赴安顺二中，不仅对课堂教学跟踪研讨，还对教师培训，教育科研，班级管理，理念引领，教师队伍建设，领导力执行等诸方面施加影响。同时，安顺二中也不时派老师、校领导来青岛二中参观学习，甚至长时间住校观摩。

我已是第三次跟随校领导，带领本工作室部分成员赴安顺二中开展迭代式结对帮扶活动。这次安排的活动内容丰富，层次感强。为加强针对性，安顺二中安排了一节校级公开课，由曾经来青岛二中学习过的地理组年轻老师邹萌来上，青岛二中团队成员作为评课专家参与其中。

邹萌老师课上得很精彩。课题引入恰到好处，聚焦热点，关注度高，一下抓住了听课师生的心。邹萌老师语言精练，师生互动、生生互动有序，观点碰撞中有生成，图文并茂中能看出一位老师备课的良苦用心，应该说是一节值得推崇的公开课。我在评课的结尾写下了这样一首诗：

听 冬的声音
雨在淅沥
像春雨吗
不,是孕育
一节酣畅的小课
给冬日带来暖暖的叮咛
它扫过大厅
浸入人的心里
送来追求者的歌吟

看似几句话,却是自己心境的真实写照,也是对邹萌老师精彩课堂的一种认可,更是迭代式深度交流后的一朵值得收藏的“小花”。

第八章

牛津研修

2012年暑期,经过选拔的20位一线教师,组成青岛二中牛津培训团,在炎热的夏季,在充电加油的最好季节奔赴英国,进入牛津大学"HERTFORD COLLEGE OXFORD"学院进修学习。

作为佼佼者的一帮人,基本都过了不惑之年,来之不易的进修班上,每个学员既是学习者、观察者,又是参与者与实践者。

学院派出培训经验丰富的主讲教师茱莉亚(Julie),全面负责培训工作,两名志愿者帮助处理日常事务。

8.1 心向往之

人有许多向往。一生中,有些向往能够实现,有些也许是一生的奢求。

去世界著名的大学深造,不知是多少学子的梦寐以求。教学30载,研讨几多秋。只为学子进入名校而欢呼过,从来没有奢望过自己也能有机会,赴世界著名学府英国牛津大学进修。

这不,青岛二中又挥出了自己的大手笔,选派由各学科成员组成的20人团队,赴英国牛津大学进行为期两周的教育进修。

伴着波音340巨大的轰鸣声,飞机从上海浦东机场起飞,向9000多千米外的英国伦敦希斯罗机场飞去,在11000多米的高空,开始了近12个小时的长途旅行。

盛夏的英国,本就是迷人的季节。奥运会的开幕,更增添了它的神秘,世界各地的人们趋之若鹜。这一刻,伦敦成了世界关注的中心,人们心向往之。

说不上"庞大"的团队,成员都是经学校精挑细选出来的。虽谈不上"见多识广",却都是教学一线的"行家里手"。正源于此,如何突破自己再有新作为,怎样改造课堂出现教学新局面,究竟如何做教学评估,排课需要哪些步骤,如何才叫用好课本,什么样的学习才叫创造性学习等,都是这次远距离大投入进修的意义所在。每个成员从几个月前接到通知起,就在思考自己的英国之行究竟能收获什么？中英教育的异同点又在哪儿？经过短暂培训的英语口语，注定不能满足这次进修的需求，该如何应对这种局面？每个人都在忐忑中充满期待，充满向往。

8.2 牛津欢迎我吗?

教学30载，研讨几多秋。搁以往，打死也不敢相信，能走进具有1100年历史的世界著名大学学府的课堂，面对面和大师交流。突然想起一句话，北京欢迎您！伦敦奥运会正在如火如荼地进行之中，自然是伦敦欢迎您！牛津欢迎我吗？

说来惭愧，虽已到了不惑之年，出国的次数却屈指可数。牛津之行是自己第一次到英国。由于先前没有来过英国，自然对英国的了解也就谈不上深入。可能是年龄的原因，也可能是从小所受教育的影响，仅有的几个观念种在脑子里，一辈子也挥之不去。

历史课本中，八国联军入侵北京有英国大兵，火烧圆明园他们也是罪责难逃。“正如法国著名作家雨果所描绘和抨击的那样：有一天，两个强盗闯进了夏宫，一个进行抢劫，另一个放火焚烧。他们高高兴兴地回到了欧洲，这两个强盗，一个叫法兰西，一个叫英吉利。”

滇缅之战中国远征军在极端恶劣的环境中，挽救了7000名英军的性命，当中国远征军需要英军伸出援手时，他们却早已逃得无影无踪。

由于没有能力更没有机会和英国人直接沟通，对他们的了解仅限于电影电视中已经定格的镜头。英国人很绅士，仿佛这是地球人都知道的事实。据说大英博物馆中的许多馆藏文物，都是绅士们从世界各地“请”来的。不是有一种观点吗：“关键时刻”幸亏英国绅士们“伸出援手”，不然的话，这些珍贵的文物还不知道魂归何处。且不去辩驳这种观点的对错，也不谈是“文明请”来的还是“绅士抢”来的这一事实，毕竟这些文物保存完好，没有被损坏，让现代人有机会目睹它的风采，这是最值得庆幸的。

无论怎么说，英国已经融入了世界。就像有些人说的那样，如果你厌倦了伦敦，你就厌倦了整个世界。毕竟英国是个美丽的国家，不仅有“万花之城”伦敦，还有“北方雅典”爱丁堡，大学城牛津、剑桥，古色古香的约克城，莎翁故乡斯特拉特福……人们心向往之。

随着经济的发展、社会的进步，越来越多的人到英国参观游览借鉴学习。尤其是享受改革开放硕果的国人们，大踏步走进了英国。

这方面，教育也不落人后，到英国考察进修学习的人员越来越多。这不，我们一行 20 人走进了久负盛名的牛津大学 HERTFORD 学院，开始了为期两周的教育培训。

一天的课程下来，令刚从中国飞来，还没有来得及倒时差的老师们很疲惫。就是这么一班人，就是这样一个团体，硬是克服各种不适，用自己特有的热情，积极参与到专家的授课当中去。

授课的 Julie 教授，在全天培训结束的总结中，用了这样的语句：“你们的表现是最棒的，一天的合作为后续培训顺利进行奠定了基础。”就目前看来，牛津还是欢迎我等的。希望这掌声能延续。

8.3 牛津的早晨

可能是因为倒时差的原因，已来到牛津两天的我，还是早早地起了床。

一晚上的雨，仍在淅淅沥沥地下，好像没有停歇的意思。

为了弥补这两天照相机中内容不够丰富的缺憾，撑起伞融入难得的、宁静的、雨中牛津城的早晨。

时钟指针已过 6 点。国内的城市早已经喧闹起来，上学的，打工的，经商的……人们早早地起来，都在忙着自己的事。

这时的牛津城，静谧还在延续。没有叫卖，听不到吆喝，店家不纳客，大学城中也未听到朗朗的读书声。有的就是静，不知道这种静与牛津博大精深的文化有何渊源，也许静就是一种孕育。

自然科学博物馆外墙的立柱上头,人物雕像是凝视、渴望?还是对未来的无限寄托?答案一时难以给出,这并不影响自己的想象。从雕像所处的位置来讲,应该是对英国乃至世界科学史有影响的人物,他们在静静地注目着科学的每一点进步。我轻轻地走过他们身边,不敢发出任何声响,唯恐打断他们的思绪。

街上为数不多的行人,在雨伞下快速移动。

牛津的夏季早晚温差有点大,尤其是雨天,微风吹来给人一种国内浅秋的感觉,凉得有点刺骨。我将从国内带来的防雨服穿上,打伞的手仍感到些许凉意。

两位晨练的男女,在雨中慢跑。头发已湿,细细的雨水沿着脖颈流向后背。两位好像什么事情也没有发生,一幅我行我素悠然自得的神情。

像全世界的城市一样,牛津的清洁工人是最早开始忙碌的,看着他们麻利的身影,城市的一切准备工作都在悄无声息中完成。

轻轻地驻足在图书馆的大门外,突然记起课堂上 Julie 老师所谈到的一件事情,就是牛津的图书管理员,愿意回答读者提出的任何问题,因为他们都是有学问的人。一件小事,本不足挂齿,可细细想来,大学图书管理员的工作,确实需要有本事的人来承担。

沾衣欲湿的毛毛细雨还在下个不停,思绪翻滚的我,不知何时已回到出发时的叹息桥边。

8.4 没理由不喜欢 Julie 的课

今天下午,仍然是 Julie 给我们上课。

在中国传统的课堂上,教师要明确一个讲课的重点,然后围绕重点展开教学。Julie 不是这么做的。为了引起大家的听课兴趣,Julie 结合正在进行中的伦敦奥运会,在屏幕上打出了三幅照片。一幅是伦敦奥运五环的标志,一幅是中国运动员获得冠军和季军的照片,另一幅是运动员赛场上的风采。

照片一出，就给紧张学习的一帮人注入了兴奋剂，没等老师提出要求，大家已七嘴八舌地议论开来。就算是多数人不懂英语，照片中的含义大家还是明了的。现在看来，关注奥运的心都是相通的。

由于在遥远的异国他乡，主要任务是学习。主办方给我们提供了足够的方便。住学生宿舍，没有电视，使用公共卫生间，开始的一天多时间连网络都没有开通。这样的学习场景，仿佛又回到了30年前的大学时光，教室、餐厅、宿舍三点一线，单调中却能找回曾经的乐趣。

在这样的学习氛围中，不要说到现场给运动员加油助威，就是及时了解比赛信息都是问题。每到休息时，相互之间总在提问，中国队夺了几块金牌？都是什么项目获得的？看似简单问题，却不易找出答案。因为大家都是在相同的时间，做着同样的事情。

场面还很热烈，不过没有到失去控制的境地。Julie 要求大家静下来，接着提出问题，结合三幅照片谈谈自己对奥运的认识。

没有停顿，大家就对举办奥运的意义谈了若干观点。比如，五环象征五大洲的和平团结友谊；奥运代表挑战自我，拼搏进取，体现更高更强更快，等等。

Julie 话锋一转，教学和奥运有关系吗？比如，每个项目的金牌一般来说只有一枚，有些运动员明明知道自己没有夺冠的希望，也缺乏夺冠的实力，但还是乐此不疲地参与进来，这说明什么问题？对此，Julie 这样回答，夺冠是每个人都渴望实现的事情，但，这是很难兑现的目标。就像学生学习一样，不可能每个人的成绩都是第一名。参与整个过程，从中享受快乐，实现对自己的突破，这已经足够。

Julie 说，教育就是一种过程。在学生学习的过程中，教师要采取各种方式不断激励学生。比如，今天的作业比昨天有了进步；我也想认识你认为可以作为朋友的人等。

Julie 说，给学生设定的目标不要太高，能达成就是最好的设计。

作业不必每次都给出分数、等次,但要评论、有争议。Julie 的许多观点还在继续争议之中。

8.5 如何上课

对从事教育 30 年的一线教师来说,拟出这样的题目,作为文章标题,似乎显得有点幼稚。但要把"如何上课"理解好,并深刻领会,是需要功夫的。

下午,由 Don Kershaw 和 Julie 共同组织的课一结束,我便打开电脑,凭笔记和记忆迅速梳理整个授课过程,将难忘的精彩时刻以文字形式记录下来,以便指导日后的教学。

严格意义上来讲,下午的课不是两位老师讲课,而是学员按照主讲老师的要求,设计富有挑战性的问题,在分组明确的前提下,轮流作为主讲,来共同完成的一节大课(历时 3 个小时,即便如此,原来设计的 6 个问题也只完成 3 个,剩下的只好等到下周一进行)。

第四小组主要成员有王剑、董天龙、郭京君、娇蕾、我 5 人组成。抽到的问题是如何培养学生的记忆能力。要求承担该问题的 5 位老师,在较短的时间内,拟出 8~10 个小题目,以便考查暂时作为学生的其他四个小组的老师,所拟问题没有局限性,越开放越好。

规则是每位成员用 30 秒钟浏览所有试题,小组 4 个人轮流上阵,每个成员浏览问题后回到座位,要将所记忆的内容,尽量原样不变地写在事先备好的白纸上,全组人员用时合计最多不超过 5 分钟。

规则一旦明确,大家都跃跃欲试。

4 个小组中,有两个小组分工明确。他们的共同点是:在第一个人上场之前,即进行明确分工。

通过观察知道,题目是用 4 种不同颜色的纸写出的,这就给参与者提供了信息。每个人只需记住相同颜色纸上的内容即可,记忆方法按自己擅长的方式进行。这样每个人的负担不但减轻了许多,还使自己有充分的时间来记忆，避免了盲目。

由于这两个小组准备充分，职责明确，都能有条不紊地开展工作，自然也是最后的胜利者。

所拟题目如下：

1.（红纸）田园景，英伦地，一朝醉卧，梦怎醒。

2.（红纸）打电话 * * 100 * 86053288907424 #。

3.（绿纸）外交部提醒：注意交通安全，车辆右舵左行，英国急救和报警电话 999。

4.（绿纸）我们校园里有薄荷、玫瑰、小草，但没有大树。

5.（蓝纸）公园里有大雁、喜鹊、乌鸦，还有许多人在划舟。

6.（蓝纸）今天下午到晚上第 9 号台风苏拉和第 10 号台风雅达可能登陆青岛，并形成双台风。

7.（黄纸）汽车鲁 B-43520532 在水中游泳。

所出题目不外乎两类，一类是大家都熟悉的、与青岛有关的问题，如台风问题，青岛的电话区号 0532，二中门卫电话 8890 * * * *，再如国际长途电话 * * 100 * 86 等。一类是与现在就读的牛津学院有关。如数字 4253 就是天天使用的宿舍门上的密码，公园里有大雁、喜鹊、乌鸦，还有许多人在划舟指的是泰晤士河畔的美丽景色。

整个活动在轻松愉快的氛围中进行，每位学员都积极参与，且都有机会表现自己。

这不仅让我思考，也给我提出了一个挑战——自己的课究竟该怎样来上？

8.6 牛津研修偶感

田园景　英伦地　一朝醉卧　梦怎醒

陋室情　叹息桥　几多求索　绪难平

注:世界上有很多叹息桥,最有名的是意大利威尼斯叹息桥。那是犯人要绞死前走过的桥。牛津也有一座叹息桥,也叫赫特福德桥(Hertford Bridge)。它位于牛津大学赫特福德学院,银行家托马斯·巴林慷慨捐助建成,连接着这个学院的两个方庭:新方庭(The New Quadrangle)和旧方庭(The Old Quadrangle)。石结构,哥特风格,建筑师托马斯·格雷厄姆·杰克逊(Thomas Graham Jackson,1835—1924)设计建造,1914年完工。(上述内容有的来自网络)

我们这次研修,就在牛津大学赫特福德学院,住宿就在新方厅的2号楼和5号楼。

8.7 刻板守时的英国人

来牛津已十多天,牛津大学制定的作息时间,大家还是严格遵守。

来这里之前,大家或多或少地了解到,英国人的相处之道就是守时。一般来讲,学员们都是提前几分钟到教室,这时,上课老师已经到场。

研修期间仅有的一个星期六,大家一致建议去伦敦。

意见反馈上去,生活老师非常认真地对待这个事情,不仅将乘车时间打印出来,还将参观地点、所走路线都在图上标注得一清二楚。什么时间在什么景点参观,什么时间应该行进到什么地点,都交代得明明白白。

于是在生活老师的带领下开始了一天的伦敦之行。

当大家由大英博物馆向白金汉宫前进的途中,正好遇到奥运会男子20公里竞走比赛将要进行。部分路段封闭,不得不绕路前行。

因为时间关系,大家如急行军般前行。由于白金汉宫也是比赛的必经之地,场地两边早已是人墙高筑。来自世界各地的人们,都在等待那激动人心的时刻,每个人都做好了为自己本国奥运健儿加油的准备。

在喧闹的人群中,无数的人挥舞着五星红旗,在给我国的运动员加油。

受到现场氛围的熏陶,大家心情也跟着激动起来。不断地有人接过五星红旗挥舞起来,部分老师身披五星红旗,高呼中国加油的口号,与不相识的同胞在白金汉宫合起影来。

人为造成的交通"拥堵"，给大家提供了一个求之不得的观赛良机，当然，也提供了一个说服生活老师的充分理由，毕竟大家都想在这里停一停给中国队加油。

建议刚刚提出，就被生活老师给否决了。只听她满嘴的"NO，NO"，就是不同意。理由很简单，行程中没有这个项目，也挤不出这个时间。

没办法，大家只好随生活老师绕道出白金汉宫，开始了下一个急行军。

没有埋怨，大家只有在心里祝福中国健儿。

8.8 可爱的英国人

Julie 教授在临下课的时候告诉我们，周五不能到校陪大家，因为她要和家人一起去伦敦，观看奥运会女子蹦床比赛。

说起来很轻松的一个信息，却在学员中间引起一阵涟漪。羡慕啊！奥运会就在离牛津不远的城市伦敦举行，大家却没有时间走进奥运赛场，给自己喜欢的运动员加油。

Julie 教授去观看奥运比赛，大家自然是祝福满满，不知谁带头鼓起掌来。

"该项目有没有中国队员参加?"Julie 教授问。大家高声告诉她："不仅有，而且实力很强，还有夺冠的希望。"

"谁?"

"何雯娜!"

"噢，我会为何雯娜加油"。

Julie 教授接着说："由于大家进修任务较重，不能到现场给何雯娜加油，心中肯定有遗憾，我能理解。不过，请放心，我和我的亲友团一定会在现场给何雯娜加油，替大家完成这个心愿。"Julie 教授话音刚落，掌声已经响起来。

周一一早，见到 Julie 教授，话题自然离不开蹦床比赛。尽管比赛结果早已经知道,何雯娜没有拿到冠军,可大家更想了解的是观看奥运比赛的感受。Julie 教授给何雯娜加油了吗?

Julie 教授知道大家的心思。没等进一步发问,Julie 教授就一五一十地说起了给何雯娜加油的事情。

由于喜欢蹦床比赛,奥运会开幕前几个月,Julie 教授一家六口人就预定了本周五的蹦床比赛门票。

由于座位离比赛场地较远,为了给何雯娜加油,一个人的声音是远远不够的。Julie 教授就发动全家,六口人齐声呐喊:"何雯娜加油! 何雯娜加油!"不明就里的人向他们投来了异样的目光。他们怎么也不会明白,一帮英国人怎么给中国运动员加油,还这样卖劲。

不知是场上运动员的表现感动了观众,还是 Julie 教授一家的坚持影响了他们,或是英国人那种乐观态度的自然流露,Julie 教授周围的人不仅没有了异样的目光,而且和他们步调一致喊起了"何雯娜加油! 何雯娜加油!"的口号。

Julie 教授一边讲解,一边示范,那份自豪,那种释然,在笑声中自然流淌,让没有机会观看比赛的我们也深受感动。多么可爱的英国人。

8.9 别样的交流

已经是上午 12:35,离下课还有 5 分钟,Julie 老师正在做这节课的小结。因听课略显疲惫的学员们,就要"熬"到吃中午饭的时间了。

就在人们期待下课的那一刻,Julie 教授告诉大家,下午 2:00 会给大家一个惊喜,这惊喜会让学员们持续半个小时。至于什么内容,暂时保密。

这一下引起了大家的兴趣,相互间都在确认,Julie 是这么说的吗? 能给我们带来什么惊喜? 再说,什么惊喜能使人持续半个小时?

有的说,不会是奥运会门票吧,要是那样的话,绝对不是使人高兴半个小时的问题了。有的说,几天来,一直在听课,没有做出什么大事情,应该与奖励无关。惊喜的事情究竟应该是什么呢？带着谜团，大家结束了上午的课程。

下午2:00，大家按时到达教室。与以往不同的是，教室内多了两个女孩。

这再次引起大家的猜测。这么年轻，难道是来给我们上课的老师吗？当然不能排除这种可能。

Julie教授看出了大家的心事，摆摆手，示意大家安静下来，然后说："这就是我带给大家的惊喜。"

"嗯，这算什么惊喜，不就是两个孩子吗？"

本来还处在窃窃私语中没有完全安静下来的教室，气氛更加热烈起来。

Julie告诉大家，在现场的两位女孩，一位是自己还在读高中，喜欢画画的17岁女儿；一位是来自大连，现已在牛津定居的女儿的中国同学。

这下大家明白了。原来是Julie教授为了使老师们更真切地了解到英国教育的现状，特意请了背景不同的两位中学生，和大家面对面，就大家关心的中学教育的各种问题，展开交流。

Julie教授说："有什么问题，尽管向他们发问。"

于是，一场热情洋溢的交流会就这样展开了。

我们所提问题包罗万象，回答问题的一方也是尽其所能，尽力应答。

来自大连的女孩，谈起在国内受的教育，还是刻骨铭心。她说："在英国上高中的孩子，都是自己的选择。比起在国内来，多了一些自主，少了一些强迫。"

"在英国，没有老师逼迫你完成作业，一切全靠自觉。"

"英国的孩子下午3点就放学"。

"放学后干什么？"

"有些同学回家，有些同学结伴玩，也可能去喝喝咖啡。"女孩在不停地回答着问题，同时用夸张的肢体语言，非常大方地为自己的观点注释。

笑声不时传来，惊喜一直在洋溢之中。

8.10 仅是在做游戏吗

一连几天,都是 Don Kershaw 给我们上课。为了上出新意,上出水准,当然也为了抓住学员们眼球,Don Kershaw 课堂设计总是别出心裁。

他的许多观点不是直白无力地贯彻,也不是纯粹地说教,而是通过事例、游戏,让你有所感悟。

Don Kershaw 的一个观点是,学生由于年龄的差异,课堂上集中精力的时间是不同的。那么,学生集中精力的时间是多少呢?

一般来讲,学生能集中精力听讲的时间是“年龄+1 分钟”,也就是说 17 岁的年龄,每节课集中精力听课的时间大约是 18 分钟左右。

明白了这些,老师讲课才更有针对性,讲多了不仅无益,而且还可能起负面作用。

为了提高课堂教学效率,在学生精力集中的时段内,设计准确的问题来提问,是实现教学目标的有效途径。

Don Kershaw 教授的这一观点,没有像其他老师上课那样,非常直白地贯彻给大家,而是通过下面的游戏,让每位学员感悟到:作为教师,课堂上设计一个好问题是多么重要!

Don Kershaw 教授将刘元静老师请到台前,和 Don Kershaw 面对面坐好。

Don Kershaw 教授手里有一幅照片,除刘元静老师外,其他学员都已经了解照片中的内容。

Don Kershaw 教授的游戏开始了。他让刘元静老师去猜照片中的内容,Don Kershaw 只用“是”和“不是”来回答。

一遍又一遍猜想照片中的内容,盲目性很大,既费时又费力。

演示结束后,他让每两位老师一组,每组分到一幅他事先准备好的照片,重复上述游戏。

然后,采用旋转木马的形式,依次交换图片,重复上述过程。让每人都能从中有所感悟。

猜想，仅是游戏的实施，是相对容易的。猜对，是游戏所期望的结果，是相对困难的。就算是参与的热情高涨，也不能保证结果的准确。

Don Kershaw 教授话锋一转，向大家提出了：我们做这个游戏的意义在哪里？

是啊，游戏确实好玩，老师设计游戏的意义是什么呢？

还处在做游戏兴奋中的老师们突然有一种顿悟。作为老师，课堂上所提出的每一个问题，都应准确无误，明明白白。不能使学生像猜谜语那样去学习文化课程。

当然，Don Kershaw 在让大家做游戏的过程中，也充分体现了合作学习的意识，加深了对旋转木马法的认识。

其实，这也是 Don Kershaw 教学的高明之处。没有说教，却有参与后的顿悟。这与他提出的每节课都应设计 4～5 个准确的、有一定挑战性的小活动的观点是吻合的。

和大家游戏过程中，Don Kershaw 不时微笑、点头，开始以为是教学的习惯，突然的一席话让我们茅塞顿开。原来，Don Kershaw 是在给参与活动的学员做出评价。

“微笑也是评价！”这是 Don Kershaw 提出的观点。“微笑不仅能传递教师对学生的真诚与友好，拉近师生之间的距离，让学生感受到教师对他的关注与在意，更能使‘亲其师、信其道’得以最大限度地发挥。”

Don Kershaw 说“微笑是教师的法宝，不要怜惜微笑，把微笑合理地应用在学生评价中，一定会提高学生学习的内在动力，提高学生学习的幸福指数，拉升教学效果。”

Don Kershaw 是在和大家一起游戏吗？是，确实是，他是在用心做游戏！

8.11 她们很尽力

当老师几十年,传统的教学行为说不上根深蒂固,受其影响师道尊严还是很盛行的。

就拿最简单的师生交流来说,就算在教室内,学生有问题问老师,充其量也就是学生坐着老师站着。尤其是对高年级的学生来说,这种交流方式司空见惯,很难出现下面的情况。

在牛津进修的日子,最开始的两天,两位授课老师分别是 Julie 和海伦(Hili)。尽管讲授内容不同,授课方式有别,但有一点是相同的,就是在和学员们交流时,都是蹲在学员面前,或是跪在学员面前。

由于语言不通,交流起来徒增许多困难。这种情况下,两位老师总是用蹲或跪的姿势,长时间地倾听学员们的意见,然后一一作答。

是因为她们是学者,用这种方式来体现自己的谦虚吗?细细想想,不至于如此。就算是学者,只需虚怀若谷足已,没必要做出如此高难度的动作。

是因为海伦老师的身材太高的原因吗?这是一个看似合理的解释。海伦老师确实很高,若为方便和大家交流不得不如此的话,那么,身材不够高的 Julie 老师的表现又该如何解释呢?

几天来,这种现象经常出现。

原来,英国教师为了拉近和学生之间的距离,除了用文字语言表达外,丰富夸张的肢体语言在每一位老师身上都体现得淋漓尽致。对她们来说,这是一种正常的教学行为,蹲或跪是司空见惯的事情,再正常不过了。

8.12 地球太小了

地球太小了,这是人们挂在嘴边的一句话。常用来形容,在地球的某个地方,不经意间遇到了自己熟悉的人,惊喜之余感叹道:地球真是太小了!

2012 年暑期开始后的两周,一直在英国牛津大学进修。学习之余,偶尔也会到牛津街头、商店转转。一来放松心情,二来了解牛津的风土人情。

这天下课后,离吃晚饭还有一段时间,几个老师相约到牛津街头走走。

奇迹出现了。就在我们转身往回走的一瞬间,对面站着一个大男孩。这不就是学生张沛吗？同时学生也认出了老师。

在遥远的异国他乡,一块陌生的土地上,一个喧闹的街道中,师生能幸运地面对面地走到一起,彼此述说离别后的喜忧,那份激动局外人是很难体会到的。

曾经因学生张壬坤考入牛津大学而高兴过,也为自己有机会能到牛津进修而庆幸过。这次偶遇更值得欣慰,因为继张壬坤同学之后,其同班张沛同学作为大学交换生来牛津学习,多好的事情。

因工作原因,师生在大街上没有过多交流,只是照了一张合影,留下彼此联系方式后离开。

晚上,收到学生张沛的邮件:“于老师！有的时候不得不相信缘分这个东西。我一直觉得我是一个很幸运的人,从小到大所跟从的老师,无一不是德才兼备的老师。在我的眼中,您并不像别的老师无时无刻地在敲打我们,给我们压力,但总是在我们最需要帮助、最需要纠正、最需要安慰的时刻,发自内心地给予我们谆谆教导。奔向五湖四海的五班人,之所以如此怀念五班,以五班为荣,不单单是因为成绩上的优异,更重要的是曾经有一位像慈父般的班主任,教会了我们如何为人处事,从而真正地立足于社会。”

“缘在天,份在人,师生之间总有一种割舍不断的情缘。”我还是比较相信缘分的。

“我把那张照片传到了网上,五班和很多二中人都惊呆了。”

“我一定到校内看看。”我回到:“今天吃饭时,和老师们谈起来见到你的事,大家都很惊讶,同时也很骄傲。毕竟不断有二中的学子在牛津学习进修。”

“没想到,一旁的张爱华老师也与我有相同的经历,她今天下午也在大街上碰到了自己 2002 级的学生，大家更是高兴。”

“二中的学生真的都很出色 我在多伦多大学光我们那一届的二中学生就有 8 个！”“哈哈，我有很多来自中国各地的同学，一听青岛二中，都竖大拇指。”张沛发来的一条又一条信息，都使我处在骄傲之中。

学生已经毕业离校若干年，可在校所受的教育，却是他们一生的资本，这一刻，感觉作为老师，值！

地球是小了点，可正是这种小，才给师生创设了见面的机会，拉近了师生之间的感情，愿类似奇迹常发生。

8.13 再说几位老师

听外国老师讲课机会不多。和外国老师面对面交流，了解他们对教师职业生涯的理解更是难得。

最近去牛津进修，接触几位英国教师。他们的阅历、专业素养、精神风貌、专业追求还是值得一提的。

给我们上课的 Julie，本来在法国工作，和丈夫一起经营着一个培训学校。她有四个孩子，两男两女。正当生意风生水起、如日中天时，他们毅然决然地做出了一个决定：全家人移居英国。

原来，丈夫是法国人，Julie 是英国人。两人都从事与教育有关的工作，很清楚英法两国教育的优劣。尤其是 Julie，她从小在英国读书，牛津大学毕业，受传统教育的影响，对英国教育倍加推崇。为使四个孩子健康成长，享受和自己一样甚至更好的教育熏陶，选择到英国定居是顺理成章的事情。从四个孩子目前的发展状况来看，Julie 一家当初的决定是正确的。

Julie 的第一个学位是心理学。为使专业有所发展，她曾深入社区、学校展开调研，就多动症孩子的教育问题，提出过自己很有见地的主张。也曾为“怎样发展一个孩子”进行过深入思考。可能是太爱孩子的缘故，Julie 当了老师。

现在，Julie在牛津大学Hertford学院主管教师国际教育，再后来，才有了我们之间的缘分一场。

给我们上课的Don Kershaw，教龄30年，计算机硕士，教过数学、地理，是登山队教练。

就算不知道Don Kershaw的真实年龄，仅从教龄30年加上他的光头来判断，Don Kershaw应该在53岁左右。

就是这样一位阅历丰富的老师，讲起课来精神饱满，器宇轩昂。为使自己的每一个观点，都能切实贯彻到学员的心中，Don Kershaw会想出各种教学设计，说别出心裁也好，标新立异也罢，每个设计都有自己的思想蕴含其中。正是这些设计，让具有一定教学经验的我们，在感到熟悉的同时，又有几份陌生，耳目一新中有所顿悟。

Don Kershaw的许多观点且不必说，就其讲课中使用的优雅搞笑的肢体语言，经常把学员们逗得前仰后合，这应该是一种认可。

难能可贵的是，由于投影屏幕在舞台上面，Don Kershaw讲课在舞台下面，不知是为了节约时间，还是Don Kershaw天生性格决定，他总是上蹿下跳，台上台下轻松自如，全然没有中国教师课堂上那份持重，但他却得到了学员的认可。

海伦(Hili)，应该是几位老师中最年轻的一位。形容她用“个子高高的”有点委屈，应该说她个子很高，人很瘦，待人热情，有多国从教经历，讲起课来风趣幽默，和学员交流总是跪在地上。

其他几位老师，大多都有国外从教经历。正是由于他们的专业素养和丰富的教学经历，加上国际化的视野，才使他们在牛津如鱼得水。

仅从接触到的老师不好得出什么结论，也不想有什么判断。但，从几位老师的履历来看，他们都兴趣较广，热爱生活，工作投入。尽管有人不是科班出身，最后还是做了老师，且做得有声有色，这既取决于自身素质，也一定与自己的辛勤付出不无关系。

8.14 老师应该站在哪里?

Don Kershaw 的课还是那么优美,学员们与前两天一样,依然沉醉其中。个中原因不是因为 Don Kershaw 英语说得流利,而是因为 Don Kershaw 的表演总是那么惟妙惟肖。他学动物行走有模有样,学其叫声能把人吓一跳,学体育课上学生的基本动作驾轻就熟。难怪,Don Kershaw 能稳稳地站在牛津大学的讲台上。

由于自己英语水平实在有限,对 Don Kershaw 的英语教学语言基本听不懂。但经过两天的磨合,能从 Don Kershaw 的肢体动作中判断出他要表达的意思。即便如此,还需仔细聆听翻译的每一句话,来印证自己猜想的正确与否。

一次,就在 Don Kershaw 的幽默引起哄笑还未停息之时,他突然提出一个不大不小的问题:老师上课时站在教室的什么位置比较合适?

这算个问题吗?司空见惯的现象,正常的不能再正常,从来也没有思考过老师处在什么位置更有利于教学的问题。从古至今传承下来,就是老师教学生学,老师站着学生坐着,一代又一代好像就这么天经地义地走过来了。

既然提出问题来了,作为学员,就不得不配合。静下来一思考,老师究竟应该站在教室的什么位置才更有利于教学呢?还真是一个不好回答的问题。

老师在课堂上什么位置有利于教学,这要从实际情况来说。如果班额较大,人数较多,教室不足够大,老师只好在讲台上,面向全体学生,采用讲授的形式。偶尔走下讲台巡视,与学生近距离交流,针对个别学生个别问题,可一对一有针对性地辅导。

如果是班额小,人数少,又有足够的活动空间,那就另当别论了。比如将座椅摆放成圆形,老师可以处在场地的中央,老师利用角度的转换,能充分关注每一个学生的学习情况。

如果将座椅摆放成"U"字形，老师可以处在"U"字形的封口处。就像现在我们的教室，Don Kershaw 在"U"字形封口处全盘指挥，Julie 和 Hili 分别处在不同的位置，作为临时助教的两人能参与各小组交流，问题能得到及时解决。

如果是分组教学，座椅的摆放方式更加灵活。这样教师就可以四处游走，了解各方信息，掌握第一手资料，这时的老师相对来讲回旋余地较大。

"就像一位美术老师所说的那样：这就是我理想的上课状态，与学生坐在一起。"Don Kershaw 说："上小学时，班上的美术老师曾耐心地坐在他身旁，一笔一笔帮他改画。"就这一个简单的举动，给他留下了深刻印象。现在，他也成了教师队伍中的一员，所以，要借鉴老师的做法，坐到学生身旁，手把手地教自己的学生画画。

这种方式不好断言好还是不好，在特定条件下还是会发挥积极作用的。

美国教师罗恩·克拉克在和中国教师的座谈中谈道："教学时，其实学生与老师之间有一堵隐形的墙。有时候你必须打破这堵墙，走到他们的空间里去跟他们建立联系，这样你就把知识带入了他们的空间，他们会更容易接受。"

其实啊，课型不同，老师所在的位置也会有区别。一味地定格在某一位置，只会给学生带来无聊，而不断地变换位置，会给学生以新奇感，增强学生的注意力。

有"热血教师"之称的罗恩·克拉克，针对教师讲课时的一些细节，也给出了自己的结论，比如，教师讲课时手臂应该放在哪儿呢？"至少 60%的时间，双手都必须在腰部以上，始终保持自己的激情。永远都不要把手插到口袋里，那样会变得很没精神。作为教师，我们决定了整个教室的氛围。如果你能够充满激情，学生的热情也会被你调动起来。"

看来老师在什么位置并不重要，重要的是课堂上教师应该扮演什么样的角色，怎样定位自己，这才是问题的根本所在。

8.15 Hili 的观点值得借鉴

今天是 Hili 上课,由于是几位任课老师中最年轻的一位,加上有多国从教经历,她的课堂自然会含有现代元素,轻松愉悦中,教师与学员之间的观点碰撞不时擦出火花。

简短的开场白之后,Hili 突然抛出一个话题:“班里从伦敦来了几个男生,长得又高又壮,对学科学习不感兴趣,不仅不惧怕老师,还时不时地挑些事端,给老师管理带来诸多困难。你作为老师,应该怎样改变这种局面?突破口在哪里?怎样激发这些学生对学科学习的兴趣?请思考后谈谈自己的观点。”

问题一抛出,就引起具有“丰富教学与管理经验”的学员们的广泛兴趣,小组内的交流异常热烈。大家毕竟有着几十年的教学经历,期间也遇到过类似现象,尤其是自己的成功教育案例,更是体会深刻难以忘记,于是说出来,既是对同伴的尊重,也是对中英教育的一种比较。

Hili 在倾听,不时点头,有时会提出自己的见解。

安静下来,大家想听听 Hili 的高见。Hili 说:“要使这种局面有所改观,一定要把学科学习与学生的生活实践结合起来看,要让学生体会到学科学习对他将来的生活是有帮助的,应该让学生体会到学习是学生生活的需要。”

Hili 接着说:“我接手之后,先了解他们的兴趣爱好在哪里,从此切入,接近他们,打开心扉。”

“后来,了解到这几个男生特别喜欢牛仔歌曲,甚至如痴如狂。于是,我就让他们找几首他们认为写得比较好的歌词,而后让这几个男生给班里的同学讲一讲这些歌词好在哪里,如何才能写出这么好的歌词?”

这项工作没有一蹴而就,而是坚持了一段时间。“每周都给这几个男生布置写歌词的作业,并且将他们完成的作业展示给大家。”

几个回合下来，男生不仅找回了自信，还对“语言学习徒增了诸多兴趣”。就这样，许多老师不知从何下手解决的问题，在 Hili 手里轻松地化解了。

Hili 的高明之处就在于，她让学生意识到“学习语言对于他们理解歌词甚至将来创作歌词都是非常重要的”这一观点。当学习成为他们的生活需要时，人的内心动机就被激发出来。

在与 Hili 老师交流如何创造性地激发学生的兴趣时，Hili 老师又举了一个案例：有一次她讲数学三角函数，她在课堂开始之初问学生对太阳了解多少，对星星又知道多少，月亮怎么运转？学生都很好奇，问老师是在讲天文呢，还是在讲物理，当老师说出这节课要学习三角函数时，学生才突然明白，原来学习这些数学知识可以帮助他们了解生活中的这些现象。于是学习就有了兴趣也有了动力。

于是，我想到了自己在济南一中上的一堂课，为引起学生兴趣，用了下面的资料引入：

三角学的起源、发展与天文学密不可分，它是天文观测结果推算的一种方法。在 1450 年以前的三角学主要是球面三角，这不但是因为航海、历法推算及天文观测等人类实践活动的需要，而且也因为宇宙的奥秘对人类的巨大吸引力，这种“量天的学问”确实太诱人。后来，由于间接测量、测绘工作的需要而出现了平面三角。

15 世纪，德国的雷格蒙塔努斯的《论三角》一书出版，标志古代三角学正式成为独立的学科。这本书中不仅有很精密的正弦表、余弦表等，而且给出了现代三角学的雏形。

18 世纪瑞士数学家欧拉首先研究了三角函数，这使三角学从原先静态研究三角形的解法中解脱出来，成为反映现实世界中某些运动和变化的一门具有现代数学特征的学科。

经过漫长时间的孕育和众多中外数学家的不断努力,演变发展成为现在的三角学。

接着我在投影上打出:

一篇短文让人感觉懵懵懂懂
一种"量天的学问"早已让人魂牵梦绕
一种渴望已在心头升腾
一种冲动将在无限的希冀中付诸行动
这大概就是学习的动力所在吧!

不知道这和 Hili 的观点是不是有相通之处。

第九章

足　迹

有人提醒我,写那么多教学随笔、教学感悟是否有些偏离教学主题?整天发些无用的感慨,对数学教学有多少帮助?按他们的理论好像只有搞数学专业研究才是正理,写那么多看似与数学无关的话题,让人有点不可思议。若是局外人提出如此观点,我不仅不会埋怨,还会感谢他们。若是同行提出如此建议,哪怕是善意的,也很难让人接受。

毕竟自己在写教学随笔的同时,没有忘掉专业,没有忘掉课堂教学,不敢说“我的快乐和痛苦都在学生身上”,最起码懂得“我的宝贵财富就是学生”(萨金特语)这一道理,就算头上的光环再多,讲不好课,依然是不可饶恕的。所以,课堂教学是一刻也不敢懈怠的。

又送走了一届高三,紧张的心渐渐地平复下来。没有了学生,没有了课上,应该说是休息的好机会。可一旦在办公室坐下来,头脑里都是和上届高三学生在一起的点点滴滴,思绪不断,理却还乱。生来的性格,就想找个头绪屡屡。于是,把善意的提醒忘到了脑后,不知不觉中,在“错误”的道路上又留下了足迹。

9.1 作业

接受过许多“再教育”,也阅读过许多教学案例,真佩服那些超凡脱俗到不用学生交作业,就能考出好成绩的“行者”。不知是心不诚,还是术不达,让人惭愧的是,教学30年有余,离上述程度始终欠“火候”。

不知是学科使然,还是教学“惯为”所致,始终认为让学生交作业、试卷,按时“上贡”,是自然的事情。当然,面对“贡品”还是亲力亲为,“艰苦奋斗”一番后,总能在红色笔迹的圈圈点点中得到一种释然。

作为数学课代表,我开始了和新老师于老师的磨合期。因为走班的原因,担任两个教学班任务的老师,会面对来自8个行政班的学生群体。

新学期伊始,记得老师说,有几个班没有交作业,因为上任老师几乎没抓过平日作业,我也就没有习惯去交作业,所以名单里自然有我们班。

不就是收作业吗，收就收呗，反正也累不着，按惯性思维，作业收上去老师只是看看，画个圈，批个“阅”，写上日期，然后发下来，作为课代表，套路我是明白的。就算是第一次交上去的作业被批改了满篇，随着时间的推移，老师批改作业的热度也会降下来。

令人想不到的是，老师这一坚持，就是一年整个高三。对课代表来说，我很吃惊。对老师您来说，也许是从教几十年始终如一的正常现象。真的从心底佩服老师，打小遇到的年轻老师也少有这么认真负责的。

最最触动我的是暑假作业反馈。本来仅仅是听话地完成了上任老师布置的任务而已，想不到得到于老师您如此“隆重”的表扬，我现在也记得很清楚，《步步高》61 页上面，写着老师的话“翻阅这份作业，仅一个‘好’字不能表达我这时的心情，这本作业不仅有超前学习的意识，更有一种执着在其中，整洁中透出严谨，认真中透出一种精神！望保持。”走班已一年，别说得到了这样的评语，连老师叫学生回答问题的事情都没落在我头上过。别看每次老师说要点名时同学们都一脸不情愿，但心里都巴不得能叫自己，让老师认识一下，至少我是这样。

这是高三(8)班课代表郭亚飞写给我信中的一段话。作为老师批阅作业，是正常工作。习惯因素也好，年龄原因也罢，只要做到“认真”二字，用心做事，学生都会记在心上，况且，在学生的作业本上写批语，也是师生交流的途径之一，有些话语还会在学生的心灵中留下难以磨灭的印记。

让人感动的是，不仅学生为此小事“耿耿于怀”，就是家长也是感受颇深。记得晚饭后散步，突然有人在身后问好。介绍后方知是学生李亚婧的妈妈，短暂的交流中，她竟然提到，老师对学生的作业关注有加，不仅按时批阅，还能就作业中的问题及时给予纠正，让学生们受益匪浅。工作流程中的一个环节，不仅影响了学生，还对家长有所“波及”，这是我始料未及的，看来平常工作认真做很重要。

现在想想,给学生批改作业,至少有以下几个好处。①通过学生作业反馈课堂教学的得与失;②在不断地纠正中调理学生的思维;③作业能巩固所学知识;④作业是联系老师和学生的纽带,是师生交流的平台;⑤作业书写的好坏,关乎考试试卷的整洁与否。把每次作业当考试来做,那考试就是一次作业而已,这对习惯的养成至关重要,足迹还会延续。

9.2 尊重选择

看着标题,能罗列一大堆观点。这是一个老生常谈的话题,每位老师都能说上一二。

当然,尊重是相互的,可以是邻里、同事之间,也可以是师生或家长与孩子之间,也可以是孩子自己。

下文讲述的是由于阴差阳错给孩子创设选择机会之事。

这一阵真是头疼,由于高一不够努力,级部综合排名一百多位。学校自主招生的推荐依据之一就是这个东东,不少人都被这个事情搅得心神不宁。

我不想让难得的好状态被未知的自招打乱,本已信心满满的热情开始降温。起初爸妈是不能理解的,就算不能拥有校荐的资格,自荐还是可考虑的。但我一没成绩二没奖项,自己又是懒人一个,我不想在这种折腾中耗费精力。最后跟爸妈约定去问您的意见,报还是不报,完全听您的。我有充足的把握确定您的话没错,因为那段时间到现在,您始终是我最尊敬的人,我身边任何一个人都能作证。

于是,在自招报名截止的前一天,我以赌博的心态敲开了您办公室的门,戏曲性的事情又发生在我身上了,老师去参加政协会议没来学校,决定权落在了我的手里。

挣扎了很久还是选择放弃,元旦假期后和老师在办公室的长谈才让我知道选择从来就不分对错。

这是高三(8)班课代表郭亚飞信中的一段话。多么懂事的孩子,已经知道怎么规划自己的未来,自己尊重了自己的选择,难道这样的尊重不值得尊重吗?

令人欣喜的是,她在高考中取得650多分的成绩,超出一本线100多分,选择后的坚持再一次印证,尊重选择是多么重要。

9.3 学生是需要老师认识自己的

偶然小聚,和分别30年的大学数学分析老师一见面,老师竟能一下叫出我的名字,倍觉意外之余更多的是感动。

毕竟师生分别不是一日两日,而是几十年,记忆中几乎没联系过,大学学习期间能给老师留下印记,说在情理之中实是意料之外,一颗激动的心还是难以平静。

又一日,学校办公室赵主任,带领一参观团队到数学组办公室。

"老于,看谁来了?"

我抬起头,第一时间喊出:"老同学李本录。"于是两个人紧紧地抱在了一起。

原来是2000年国家级骨干教师培训班的同学驾临,十几年不见,李同学也由一位普通老师,升职到德州二中任校长。

"没想到冷不丁间你还能叫出我的名字。"李同学还在感慨刚才相见时的场面。

已过知天命年龄的我,在老师叫出我名字的一刹那如此激动;十几年不见的同学猛然间被我叫出名字,也是万分感慨。

作为老师的我,能否保证在多年以后的某一场合,突然叫出学生的名字呢?这确实是对自己工作踏实程度的考验。

由于走班的缘故,一个教学班,由来自8个行政班的学生组成,加上定期的座位变动,短期内认识所有学生确有难度。不过,老师就是老师,会通过各种渠道熟悉学生,认识学生,拉近情感。比如通过课堂提问,作业交流,面谈或哪怕一次偶然的观点碰撞都是记住学生的好办法。

老师好像都认识一些人了。我每天绞尽脑汁在想如何让老师注意自己,尽管那时老师在上课做练习时会走到我身边偶尔说两句“做得这么快啊”,“真厉害”,但我还是期待老师上课能点着自己的名字起来回答问题的一天。

老师还记得怎么认识我的吗?古人早就把我想表达的意思都写出来了,就是“有心栽花花不开,无心插柳柳成荫。”那是一节三角函数课,做练习,吴东昊被叫去板书一道化简题,仅仅是因为度数没带单位,只写了 sin30(的确也需注意),老师就摆出一副好像他做的完全不着边际的样子来,他看您的表情有点奇怪就急得在讲台上不下来了。

这时,您走到我的身边,问我算的结果是多少。三角函数可是我的大软肋啊!但是这次我敢保证我的结果是对的,我特别得意地悄悄跟您说,零。您让我上黑板写出来,可把我乐坏了,终于到我“大显身手”的时候了。

巧了,没带演算纸上去,而是看着题重新做了一遍,这一遍我真的做对了,跟吴东昊的答案一样。做完题目的我没有听到老师让回座位上的“指令”,我就这么被“挂在”黑板上了。老师这才说,让我上黑板写,其实是想让大家看看我是怎样写错的。

天哪,在之前幻想过多少个让老师记住我的背景啊,唯独没有“反面典型”这一条。

本想一试身手,在全班同学面前“风光一番”,没想到却翻了船。

那天中午,我惭愧地走进老师办公室,求老师再出几道三角函数计算题,弥补一下过失,就这样老师认识我了。

从学生留下的话语可以看出,学生是渴望老师认识并记住的,这对师生来说都很重要,做老师,请记住自己的学生。

9.4 老师给同学们的印象

每位老师都免不了作为新面孔出现在学生面前，也绕不过接手新班级时学生们的窃窃私语。这个学年，接手的是高三年级。一出现在课堂，学生们表面上看起来“风平浪静”，实际上，大家都在观察新来老师的一举一动，因为，他们要和自己高一高二时的任课老师进行比较，用他们自己的标准，来衡量新老师的“好”与“不好”。从这时起，师生之间的磨合就开始了。

“老师可以先自行想象一下，数学课上如此多的欢声笑语、热烈讨论，同学们对老师的印象是什么呢？”

高三已经毕业，师生相处一年，学生们对老师有什么印象呢，这也是我想探讨的话题。

“其实更多的是一种敬畏，敬是崇拜老师当之无愧的能力和称号，畏是对权威仍需保持着一定距离的忐忑。”

真的没想到，同学们在随和的老师面前还能毕恭毕敬。

上学期班里曾经发生一件有意思的事。一天下午，不知哪个男生脑子搭错筋了突然想在化学课上和王老师闹着玩，于是在规定的程序“上课”、“起立”、“同学们好”进行完时，带头的几个人大喊了一声“哎”。一声叹息让人丈二和尚摸不着头脑，由于事发突然，致使王老师一下没回过神来。这当口，不知谁又重复了一遍“同学们好”，只听齐刷刷的一声“哎”。待一切闹明白之后，好脾气的王老师还是放了他们一马。

接下来的数学课，他们蠢蠢欲动，想故伎重演，涮老师您一把。当然，您和王老师不一样，他们有没有这个胆还需检验。

课前的两分铃响过，挑头的几个人开始发动：“这有什么不敢的！”看架势他们想延续上节课的“辉煌”。

上课铃声响起，您平静地走进教室，声音洪亮地喊了一声“上课”，班长喊“起立”,然后就是您“同学们好”的问候,接下来听到的回应和往常没有两样:“老师好。”一切都是那么自然,那么顺理成章。

规定程序完成后,大家面面相觑,互相间用诧异的目光对视着,好像在说,不是事先讲好的吗,怎就没听见下文?

关键时刻链子掉了,不怀好意的人干笑着,只见嘴动未闻声响,那表情不好用语言表达。

到现在也没想明白,那些信誓旦旦的人,胆都到哪里去了。计划周密的预谋,顷刻间变成枉然。现在想想,老师您“上课”二字一出口,那坚定、干脆足以震慑想挑事的“坏分子”。

气氛有些异常,老师您也发现了,但没看出究竟所在。

点滴小事就能看出大家对老师的敬畏,每一节课老师都能如醍醐灌顶般让我们心服口服,这敬畏是一天天积累起来的。

我是非常随和的一个人,没有想到竟然在学生心目中那么“高大”,连开个玩笑还要预谋,还要练胆,令人没想到的是“捣乱失败”了,我想“再捣乱,还会失败。”

9.5 终于明白

遇见您时,已是高三。那时,我的状态应该是“最好的”。到什么程度呢?不夸张地说,从图书馆里借来余华的《兄弟》上下两部,摞起来有10厘米厚,我生生地在数学课上看完了。

诚实地讲,一成不变的上课模式,枯燥乏味的公式推导,少见乐趣的数学课堂,正在慢慢地消磨着我的兴趣。

“最好的”状态,竟然发生在数学课上,不得不让人反思,数学课怎么了?数学老师难道不能把传统的数学课堂给颠覆了?把学生的兴趣提起来,把学生从小说中拉回来?

一进高三换了老师，听说新老师挺厉害，不仅荣誉多，上课还别有风味，于是，有了一份期待。

第一堂课，您的《崇拜别人不如打磨自己》短文，给我带来了新鲜的感觉。从小学到现在，数学老师所留下的印象就是解题，没想到数学老师（我所经历的）还会写散文，从这时起，那种崇拜感已经种下。

愿学生们期待课堂能有所改观，希望一成不变的上课方式能吹进来一点新鲜空气，使学生麻木的神经再次兴奋起来，老师确实应该反思自己的教学行为。

您要求问问题，无论是问老师还是问同学，不能不经思考就问："这题怎么解？"您说这是剥削别人的劳动。再说，如此问法，您也不会直接给出解答。必须做到问题前，有对该问题的看法，哪怕是错误的认识也行，然后生生、师生之间在观点碰撞中解决问题。

渐渐的，养成了遇到问题，先思考，不行的话，放一放，再思考，真解不出的话，再求教于您或与同学商议。令人难忘的是，您总是会在该问题的基础上发散开来，以点带面，弄一串问题出来。收获自不必说，兴趣却格外地高涨起来。

作为老师，之所以提出问问题的要求，就是避免那种不动脑子就问："老师，这题怎么解？"的低层次问题。老师欣赏经过思考加工后，用自己的语言提炼出的新问题，更赞赏问问题的过程中，用自己的观点和老师碰撞。

于是开始更拼命地学数学，甚至颠覆了做题的顺序，一张试卷从最后一道大题开始倒着做。目的很明显，就是想利用充足的时间，加上开始考试时平静的心态去解压轴题，除想显摆一下自己的实力外，还想让老师记住这位"出类拔萃"的学生。

学生需要老师肯定，这是必不可少的教学评价。当然，评价的方式多种多样,既可以是书面的,也可以是口头的,既可以是大庭广众之下的,也可以是小范围进行的。一个手势,一句话语,一个眼神,都会给学生带来激励。

愿望是美好的,下场是悲惨的。一模考试从级部名列前茅,一下跌出了200名之外。

班主任,还有一些任课老师急了,频繁地找我谈话、安慰,我“虚心”接受下来。但您没有找我聊天,看到如此不堪的成绩,您很平静,我越发心里没底。

于是,主动找到了您,没想到您一语道破天机,指出问题所在:“你太想考好了,太想证明自己给老师看了,带着这样的心理负担上考场,败下阵来确在情理之中。”崩溃,彻底的崩溃,没想到老师看人看得这么透。

老师和学生谈话应该切中要害,点到为止,切记没有观点的马拉松式漫谈。

开始调整自己,以利再战。终于在接下来的一次大考中名列级部第九。骄人的成绩,我又飘飘然起来。多好的名次啊,老师您知道后肯定会喜上眉梢,好好表扬我一番。

没想到,您对这次考试“毫无知情”的模样,让我又一次稳住了一颗焦躁的心。仅是试卷分析时一句“了不得啊”的感慨,让我的奋斗有了动力。

高考结束了,成绩是喜人的。令人高兴的是,在普遍认为高考数学试题较难的情况下,我考了137分。拿到成绩,我终于明白老师的良苦用心。

9.6 追梦

老师有梦,学生也一样,梦想成真的心情都是一样的。为了实现自己的梦想,并把它传递给学生,高中三年中的最后一节课就显得重要起来。设计什么样的课程,才能把一颗急于高考到来,期待马上成功的有点骄躁不安的心稳定下来,成了我思考的问题。

于是,一个“稳”字住在心中,要使学生成功,先让自己稳住。有别于他人，最后这节课，不缠绵，不心酸，常规课再来一遍。

转眼就是一年，忙忙碌碌中高三的学习生活就要结束了。对各个学科来讲，今天是高考前的最后一课。

前面上课的几位老师，课堂设计大同小异。不是叮嘱考试注意事项，就是将自己曾经的“心酸高考路”与大家分享，再不然，就是一段师生情谊不舍分离的衷肠述说。接下来的数学课，老师您要讲的内容大家已经开始猜测。

想不到的是，数学课仍像往常一样，提炼思想，归纳方法，定时训练，从您身上丝毫没有看出临近大考的急迫感，按辛宁同学的话说：“这就是见过大世面的人！”

言过其实，那是见过大世面，分明是想传递一种观点，大赛来临心要稳。没想到，这种观点被传递进了考场，还发挥了它应该发挥的作用，这是我没想到的。

终于，走进了高考考场。说来也怪，这一刻，不仅没有了往日的慌乱，反而感觉心态比以前平和了很多。

考场里有认识的同学，每次试卷发放，总是从夏良昊同学开始，我们都关注着他。数学卷子一到他手上，他开心地笑了，我和他都是您的学生，我想对我一定是个好事情。

卷子终于发到我这里，利用仅有的几分钟迅速浏览，我也笑了，不知道笑的原因是不是一样的。

考试还算顺利，但不代表成绩有足够的把握，虽然没有胆量去估分，但自觉已没有遗憾，“尽吾志也，而不能至者，可以无悔矣。”

就这样，一段只争朝夕的岁月画上了句号，而另一段须待拼搏的号角等待吹响。

能在最美的年华遇见您，荣幸之至。如果可以，当个老师，像您一样，去影响更多追梦的孩子。

第十章

二中的面试

从2004年起青岛二中开始探索招生考试改革，到今年已经走过13个年头。

11年来，二中面试试题涵盖政治、经济、社会、科技、学科等，不断的自我完善中，渐渐形成具有二中特色的面试文化。

现在的面试，已不限于中考面试，作为改革的一部分，面试纳入学分管理，校长实名推荐上高校也是采用面试形式。面试已形成一种机制，完善中向社会传递了一种评价方式，对初高中教学有了一种引领。

10.1 别开生面的录取方式

“昨天，二中直升面试终于落下帷幕了。作为家长，悬了多日的心也随之放下了。”“现在，只等明天二中录取名单在校园网上公布了，真是既盼望又紧张啊……”“无论是作为学生还是家长，抱着一颗平常心对待面试结果的出炉，不是一件易事!”这是参加青岛二中直升面试结束后一位考生家长的心里话，既有忐忑又充满希冀，担心之余还有一份坦然相伴。此刻家长的心情用“十五个吊桶打水——七上八下”来形容恐不过分，个中滋味局外人是很难体会的。

作为中考招生制度改革的实验学校，青岛二中率先实行自主招生，多年来探索出了一套适合本校特点的、具有鲜明个性特色的招生之路。大胆取消笔试，只在面试的基础上依据学生的综合素质进行筛选，实践证明这种别开生面的直升录取方式，已产生广泛的社会影响，并为广大考生、家长、各初中学校所接受。

仔细研读近几年二中直升面试试题，不外乎三种类型。一是学科素养方面，以考察理性思维的数学物理试题为主。参加直升面试的考生拿到试题后，在候考室有20分钟的准备时间，然后进入面试试场参加面试，时间一般为5分钟，考生只需利用这仅有的几分钟时间，将考试准备室准备的数理试题的解题思路讲解给评委听。因时间关系只需讲解要点，不须面面俱到，期间可以展示草稿纸上的演算过程,也可以利用面试考场提供的小白板进行展示。原则只有一个就是把自己的观点表述清楚,从评委那里拿到分数。

二是人文素养方面,以时政、人生理解、责任感和未来研究几大类为主。试题往往需要考生博学多才,回答问题时不仅要有自己的观点,最好能旁征博引以佐证,甚至站到哲学的高度来认识问题都不为过。如2009年文科综合面试就有这样的试题:"'与其做绿洲中的一株小草,还不如做荒丘上的一棵橡树。因为小草千篇一律,毫无个性,而橡树高大挺拔,昂首苍穹。'请你对此做出评论。""'哈佛大学的校训是:与柏拉图为友,与亚里士多德为友,更要与真理为友。'谈谈你对'真理'的理解。"类似的问题没有一定之规,且考生读起来并不困难,但要在阅读理解的基础上,阐述自己的观点确非易事。表面上是用面试形式选拔学生,不经意间却考察了考生的语言表达能力,逻辑思维能力和情感态度、价值观。正如二中校长孙先亮所说:"这是为了无限趋近教育的真正目标——关注人的发展,引导学生关注自身成长,进而学会自我认知成长中的烦恼,与幸福、智慧相伴一生。"

再如2008年文科综合试题中就有:"我国政府规定的法定节假日中,有关中华民族传统节日除春节外还有哪几个?请你选择其中一个节日,谈谈怎样过节更能体现该节日的内涵?"看似简单平常,部分同学却在该题面前束手无策。一方面原因是对除春节外的其他传统节日回答不全,另一方面,尽管每年学校都会在传统节假日放假,真要说出该节日的内涵并非易事,这是需要用心体会的。就拿清明节(清明是农历三月的一个节气,因这天正值暮春,天气晴朗、空气明净,故名清明。清明节的前一两天,是寒食节,相传是为了纪念春秋时代晋国贤臣介子推。大约从唐朝起,人们把寒食节与清明节合为一节。)来说,"清明时节雨纷纷,路上行人欲断魂",作为中学生起码应该知道清明节有扫墓祭祖的习俗。这一天,有些学校也会进行革命传统教育,到烈士陵园凭吊英烈。在民间有"清明到,农夫跳""清明前后,种瓜点豆"的农事活动。对现代社会而言,清明节是踏青游玩亲朋团聚联络感情的好机会，当然其内涵远不止这些。这种类型的面试题，既可以引导初中学生热爱中国传统文化，也可以将中国传统文化发扬光大。

三是创新素养方面，以创新设计为主。问题贴近实际，考查学生了解观察事物的能力和危机公关能力。如2011年5月的面试题就有一道这样的试题："某公司一款新手机共10000部即将在山东地区发售，产品已经下线，突然发现产品存在软件漏洞：自设通话时间为5分钟，超时自动挂断。还有24小时就要正式发布和销售，已来不及对全部产品进行测试并升级软件。在尽可能减少经济损失和保证公司声誉的前提下，作为项目负责人你能向上司提供哪些解决方案？"该题的本意是想考查学生的危机公关能力，有同学回答可升级少量手机推向市场，模仿iPhone等手机的运作模式形成"饥饿效应"，等其他手机全部升级完了再推出，不仅不会影响公司声誉，反而促进了销售，这样的回答就非常精彩。

再如2010年创新性面试试题中就有："现行电脑键盘存在很多不足，厂家拟开发新型键盘，你会为其提供哪些建议？""学校要为学生定做一批新型的课桌椅，向同学征集制作方案。你有哪些设计建议？"等面试试题。看似天天相伴的课桌椅，甚至日日把玩的电脑键盘，真要提出自己的改进意见，确实需要站在创新思维的高度认真审视，否则的话想拿高分数恐会"竹篮打水——一场空"。这种类型的面试试题近几年多有出现，目的很明确，就是将教育与实际结合起来，在培养学生创新思维、逆向思维的同时，让学生适应和了解社会，以便于他们更好地走向社会。

不可否认，参加青岛二中直升生面试的都是各个初中品学兼优、综合素质全面能力比较过硬的学生，尽管通过中考来录取是目前最公平的选拔方式，但难以考查学生的综合素质，当然选拔上来的学生也难说素质全面。呼吁多年的中考制度改革，终于在二中多年的直升探索中绽放异彩。淡化课本知识考查，减少笔试分量，增加面试环节分值，在学生成长中增加了些人文关怀，这是二中直升录取不断探索的课题。

10.2 虎头蛇尾的面试

作为评价方式之一，面试曾经纳入了高一升高二学生的评价范围。目的很明确，除关注学生学习成绩外，还应该关注学生学习活动中所表现出来的情感、态度和价值观，提高学生自我认知能力。面试也是对学生素质的综合考查，是学校开展思维拓展培训的重要方式之一。

当年的面试，出了3组题目，面试时10～12人一组，现场抽取试题，评委由语、数、外各一位老师组成，分若干组同时进行，等级划定分为A、B、C，每场面试时间30分钟。

其中一组题目如下：

中国改革开放30年，政治经济快速发展，关注中国、研究中国的人士越来越多，美国的Delf先生就是其中一位，他对中国古代数学产生浓厚兴趣，在研究过程中由于语言的差异，对于中国《孙子算经》中提出的数学问题"韩信暗点兵"百思不得其解，请你帮助Delf先生将该问题用现代汉语和英语表述出来，并将计算结果告诉Delf先生，以便Delf先生的研究进一步推进。

原文如下："今有物不知其数，三三数之剩二，五五数之剩三，七七数之剩二，问物几何？"

进入考场，按要求抽取试题后，没有人要求学生们应该怎样去做，评委老师只是在静静地观察。

有些组别的学生能做到秩序井然，分工明确，理科成绩较好的同学负责解题，语文成绩较好的负责现代文翻译，英语成绩较棒的负责英文翻译，合作机制就这样形成了。这当然是评委老师想看到的局面。

但有些同学表现得不尽如人意：进入考场，不知道该扮演什么角色，找不到自己在这个临时组成团队中的位置，自然也就不会有上乘的发挥。

这种面试，开了一个好头，却不知什么原因没有了后续，不知道这算不算虎头蛇尾。

10.3 又到保送大学时

一年一度的大学保送工作正紧锣密鼓地展开。北京大学、清华大学、中国人民大学、中国科技大学、复旦大学等著名高校，陆续给青岛二中投放保送名额。在有保送资格的同学中，究竟哪位同学去哪所高校就读，这与学校考评机制，学生自身素质、实力、潜能、意向等诸多因素有关。当学生选定自己心仪的高校之后，受招生人数限制，小范围内需要参加选拔，由于不采用笔试，面试就显得至关重要。

出什么样的面试题，才能考查学生素质，体现学生能力，实现优中选优的目标，这对接受出题任务的老师来说是一个不小的挑战。

按学校领导的要求，题目应体现基础性、开放性、多元化，能体现小问题大视野，将二中学生那种特有的好奇心、求知欲、使命感等诸多潜质考查出来，所设计的问题既要能让学生跳出固有的思维束缚，又要使他们有话可说，有观点可谈，切实能从心底诠释出社会的担当、学业的价值、生命的含义。

在保送复旦大学面试现场，当主考官提出“为什么选择复旦大学?”的问题时，应试同学鲍晨侃侃而谈：

我认为适合自己的学校才是最好的学校。首先我想简单谈谈自己对大学的认识。“大学之道在明德，在亲民，在止于至善。”虽然此大学非彼大学，但大学的精神无疑是相通的。复旦大学长期以来，以其追求真理、孜孜不倦的治学精神，爱国奉献、经世致用的教学思想和精益求精、追求卓越的办学理念而闻名于世。我选择复旦，很大程度上受到颜福庆先生的影响。颜老先生从耶鲁大学医学院毕业后，长期在复旦任教，为祖国现代医学的发展做出了里程碑式的贡献。其严谨、求实、注重实验的治学精神至今仍被复旦的学子们传扬。颜老先生创立了湘雅医学院和中华医学总会，把毕生的精力投入到治病救人、医学强国的事业中，在抗日战争与朝鲜战争中冒着巨大的危险拯救了无数人的生命。颜老先生把一生都献给了崇高的医学事业。

“文革”期间,他遭受迫害,含冤逝世,但仍立下遗嘱,捐献遗体用于中国的医学研究。颜老先生身体力行,诠释了大学之道的三个方面。他身上体现的复旦精神,深深吸引了我。以上是我选择复旦大学的主要原因。

面对突然提出的话题,短暂思索之后沉着应对、流畅地回答,折射出一位中学生的博学多才。本着负责的态度,对自己的未来做出规划,不得不令评委折服。

鲍晨同学接下来对提问的回答更令人称道。主考官提出:“请站在数学、哲学、文化与欣赏的角度,谈谈你对‘=’的认识。”

出题的本意是在“=”的基础上,重新审视“=”的意义。试题是开放性的,思路较宽泛。

当时制定的评分要点包括:从数学史来考虑,“=”是英国数学家、牛津大学教授雷科德首先提出的,后来莱布尼兹带头在著作中大量使用,从而使得这一符号广泛地被人们所接受。

作为中学生,当然知道它是诸多数学符号中的一种。其特点是简洁、易记、方便运算,对某种数学概念、方法、逻辑关系的理解提供了帮助,可以说没有了“=”就没有了数学,其重要性不言而喻。“=”不仅包含数量相同,也包括形状形式都一样。如 1=1,5=5,m=m 等。“=”的另一层含义是数量相等,形状与形式不相同,如 $\cos 2x=\cos^2 x-\sin^2 x=(-\tan^2 x)/(1+\tan^2 x)$。还包括集合相等中的另一种“=”。

站在欣赏的角度,可以将“=”延展开去变成平行线,由近及远中,从现在瞭望未来。音乐中也常用到“=”作为节拍的一部分,优美的音乐中就有“=”的身影。当然也可以用诗歌、对联赞美一下“=”。

从哲学的角度来说,“=”与“≠”是辩证统一的。

没想到鲍晨同学的回答别有一番韵味:

从数学上来讲,“=”代表相等关系。自然界中寻求不等很容易,而寻求相等则相对困难。数学的魅力在于从不等中寻找相等，把无序的变成有序的，把不对称的变成对称的……从而为我们搭建起世界的框架。寻找事物之间的相等关系，构建揭示自然界的和谐之美，这是数学中“＝”以及相等关系的魅力所在。

在哲学上，“＝”代表平衡。通过研究生命科学，我们认识到，平衡或者说稳态，对于一个系统来讲是至关重要的。失衡将导致系统崩溃。因此，古人认为：“阴阳二气”矛盾运动所产生的动态平衡是整个世界正常运转（守常）的基础。这在现代看来，不无道理。中国的道家提出人与自然的均衡发展，程朱理学讲求理与气的平衡，陆王心学强调心与理的统一。不同的哲学流派得出了相同的观点——发展朝着平衡的方向进行，平衡又保障了发展的持续性。

在文化上，我认为“＝”的含义是和而不同。千篇一律最终的结果只能是万马齐喑。“＝”代表不同文化之间的和谐并存，兼收并蓄。针对这一点毛主席曾经提出“双百方针”，最近中共在进行社会主义文化建设中也强调了这一点。在我看来，真正自信、自强、包容的民族一定是既不担心自己的文化被外来文化取代，也不会处心积虑地征服外来文化，而是会欢迎各种文化共同发展，虚心地取长补短，促进文化的交流和创新。

在欣赏层面上，我认为欣赏自然的关键在于欣赏自然的和谐之美。在量子力学建立的过程中，薛定谔和海森伯曾分别独立地提出了波动力学和矩阵力学的概念。后来，这被证明在本质上具有同一性，是统一的，量子力学翻开了崭新的一页。那一刹那，自然界的统一之美、和谐之美展现在我们眼前，使我们不得不惊异和赞叹。无数的自然现象和自然规律浓缩成几个公式，最后这几个公式之间画上了等号。探索自然既是一个科学过程，也是一个美学过程。爱因斯坦耗尽毕生精力试图证明万有引力作用、电磁作用、强相互作用和弱相互作用之间的统一性（统一场理论），恐怕也是为了更好地欣赏“＝”之美。

两千多年前,孔子就说过世界要“大同”,这其实就是现在人们追求的社会和谐。一个“=”引出诸多话题,撞击出值得肯定的观点,这大概就是试题设计者的初衷所在吧。复旦大学保送面试结束了,留给人们的思考还在继续。

10.4 关注

在不同时期、不同群体、不同阶层,总有一些值得关注的话题。对与话题相关的单位来讲,话题本身就是工作的组成部分,是若干工作流程中的一个环节,只需按部就班地操作即可,没有值得大肆渲染的地方。

由于社会现实所影响,有些话题往往成为社会关注的焦点。可能话题本身触及某些人的利益,也可能对别人有借鉴意义。这不,青岛二中 2013 年北京大学校长实名推荐和清华大学“清华新百年计划”校长实名推荐刚刚启动就已经备受社会关注。

经层层选拔,最后入围北京大学校长实名推荐的有四名同学,他们中只能有一人脱颖而出,“获得校长推荐的资格后,高考只要考到一本线就能上北大了”。入围清华大学“清华新百年计划”校长实名推荐人选的也是四人,他们中只能有一人最终获得校长实名推荐,享受清华大学降分录取的资格。

采用什么方式,才能将综合素质高、组织协调能力强、有社会责任意识、价值取向正确、胸怀宽广、视野开阔的同学选拔出来呢?面试是不二选择。面试现场屏幕上打出了如下两个话题:

一、假若在金钱、权利、荣誉这三个词中任意选择两个词来表达你的思想,你将如何选择?请阐述你的观点。

二、2012 年诺贝尔奖医学获得者约翰·格登在中学读书时,生物课成绩排在最后一名,其他学科也非常靠后,曾被同学称为“科学蠢材”,也被老师认为不可能成为专家。请你对此谈谈自己的观点。

对每一位接受面试的同学而言,进入面试现场,准备和回答两个问题的时间一共 10 分钟,在短短的 10 分钟之内,不仅要展现自己,还需针对要回答的问题,谈出思想、谈出观点。

按事先制定好的答案,在语言表达能力方面,要求学生善于抓住问题的实质,言简意赅,说话得体,讲究分寸,有说服力、感召力强。在思维、创新能力方面,要求学生的发言有独到见解,论述严密,善于系统全面地分析问题。其他能力方面,要求学生善于关注热点,有社会责任感,有国际视野和全球意识,自主的研究能力与科学素养。要求之高,可见一斑,这对每一位应试者来讲都是一个不小的挑战。

作为评委之一,印象深刻的是学生会主席朱彭和城市化管理委员会副市长张琳两位同学。面对评委、家长委员会代表、媒体记者,朱彭颇有大将风度,抓住问题本质侃侃而谈,慷慨激昂,其表现可圈可点。经过副市长位置历练的张琳同学,也是在选择荣誉和金钱两词之后,引经据典,旁征博引地阐述自己的观点,其大气优雅给评委们留下深刻印象。

下面是张琳同学的发言要点:

荣誉和金钱

首先,我想谈一下我对金钱的看法。提到金钱人们大都会想到金钱罪恶的一面,但我想金钱在我们的历史和生活中发挥着不可替代的作用。司马迁在《货殖列传》当中就说:“天下熙熙皆为利来,天下攘攘皆为利往。”正是由于人们对经济利益的追求、对财富的渴望,才使得我们的科技不断进步,不断转化为生产力,才使得我们的各项制度不断改进与完善,才使我们的社会进程不断向前推进。另一方面,管仲说过:“仓廪实而知礼节,衣食足而知荣辱。”现在不是讲“五位一体”嘛,只有当社会提供一个比较繁荣的经济大环境,政治建设、文化建设、社会建设以及生态文明建设才可能更加深入人心。第三点也是我想着重谈的一点是金钱在推动社会公平方面所体现的价值——中国古代就有“不患寡而患不均”这样一种说法,到了 1978 年,邓小平同志提出“解放思想,实事求是,团结一致向前看”这样一句堪称 30

多年改革开放战略先导的口号,如今30多年过去,改革已至深水区,财富的蛋糕越做越大,蛋糕怎么分就成了全社会共同关注的话题,社会公平问题就随之凸显,我们现在讲的是"不患寡患不公",而政府要解决这一问题就需要充足的资金保证,这时候金钱的第三个效用也就随之显现,我们看到政府用金钱办了很多推动公平的实事,像公租房建设、新医保改革等等。当然,要推动社会公平,政府仅仅有充足的财力保证还不够,现在的中国社会在这方面缺少的还有官方和民间的互动,我们也看到政府正在极力改变这一格局,像最近比较热的"微博问政"就是一个很好的官民互动的范本,最近最火的一句话"元方你怎么看?"其实这句话最适合的语境是政府对百姓说"百姓,你怎么看?"这才是"取智于民"的应有之义,也是政府推动社会公平的应有之举。而这,是金钱不能取得的效果,这也就引出了我想谈的第二个词——荣誉。

按照心理学当中的马斯洛理论,当金钱帮我们满足于我们的生理需求、安全需求、社交需求,我们会追求尊重需求和自我认知需求,而我认为这两方面需求正好构成了"荣誉"这个词,"誉"是别人给的,"荣"是自己的感受,这些东西并不是完全由金钱和权力可以带来的,我觉得更多的是需要用一种"人格魅力"以及"职业精神"去感染周围的人,同时让自己无愧于心。比如我对自己的要求是:做人方面要清醒冷静、大气从容,要有情怀有责任有坚守,最基本的,要向善要明理要心向光明;学术或者职业方面要执着创新,要吃苦肯干,最重要的,要有职业操守或者学术坚持。所以如果我听到别人在这些方面给予我赞誉或鼓励,会比给我一百万更让我觉得开心、有价值,因为我的存在价值在这种赞誉中体现了,而我们创造财富的目的不也正是为了创造物的价值、从而凸显人的价值吗?

记得朱彭在第一题选择的是权利和荣誉。在谈到荣誉时,朱彭说:"他是军人的后代,可能是耳濡目染的缘故,对军人视荣誉如生命印象深刻。"由此展开去。最后,朱彭获校长实名推荐上北大资格,张琳获校长实名推荐"清华新百年计划"人选,高考结束,两人都如愿以偿进入了自己心仪的大学。

10.5 古今两道题，面试起争锋

作为青岛二中常规工作的一部分，2013年的北大、清华校长实名推荐面试就要开始了。

和以往一样，今年青岛二中校长实名推荐上北大名额1人，校长实名推荐清华大学新百年领军计划名额1人。按要求级部排名文理科1%的学生才能参与竞争，并且两高校均提出学校最好推荐理科生。

经高中3年文化课成绩排名、综合成绩排名、学生民主测评、教师民主测评和学生自评等多个程序的选拔，8名理科尖子生获得了面试资格，6男2女，其中3人竞争北大推荐人选，5人竞争清华推荐人选。

今年的面试试题有两个，一是与时事相关的中日钓鱼岛之争，即“中日钓鱼岛之争，已经由口水之战，到了剑拔弩张的局面，你认为解决这一问题的最好方案是什么？简述你的理由。”

另一个是道德修养与传统礼仪问题。“孟子曰：‘仁义礼智，非由外铄我也，我固有之也。’可是既然如此，那为什么人的道德修养会有差异？”

两个问题都具开放性，既要考查学生对时事的关注层度，还要让学生思考个人在社会中的自我道德修养问题。同时还考查语言表达、逻辑思维、国际视野、思想境界、价值取向等诸多方面。

见多识广的8位考生在同一个平台上，八仙过海各显其能。有同学思维缜密，阐述条理；有同学见解独到，分析透彻；有同学语言表达清晰，观点鲜明。仔细梳理，面试环节中的钓鱼岛之争，比较一致的观点是和平解决，不能因为战争给中日两国人民以及全世界人民带来影响。

作为清华新百年领军计划的最终胜出者张解元，在谈到钓鱼岛问题时，给出了三个关键词：“搁置”、“呼吁国际社会正确导向”、“与日本约法三章”。让现场评委频频点头。作为中学生，能有大视野，这足以让人欣慰。

本次面试，李昂以其优秀的表现获得校长实名推荐上北大的资格。

第十一章

心　语

记得自己曾经写过一篇《没有目标人生就失去了精彩》的短文，本意是提醒你、我、他应设定一个人生目标，然后怀揣梦想去不断地追寻，以使人生过得精彩、过得更有意义。

其实，面对人生，由于人的性格和价值取向不同，再加上文化水平、认知程度、生活环境以及心态参差不齐，都能影响一个人对人生的不同理解，有积极的，有消极的，有颓废的，有绝望的等等。

“人生就是一幅画，山山水水，起伏跌宕”，寥寥数语将人生描绘成一幅多姿多彩的画卷，一种积极的心态，可给人生带来无限美好的憧憬。

有人说“人生本是一次燃烧，是一次无悔的航行”，真是如此，燃烧自己照亮别人，在一次无悔的航行中书写精彩人生，应不是憾事。

也有人说，“人生就是逆流而上的孤舟，你停下就会倒退，前进那就要付出很大的辛劳”，其实，整个人类不就是在不断地求索中前进的吗？

有人说“人生就是一场梦，到头来终是一场空”，真要是与世无争，不计名利，人生也一样精彩。

网友 erzhonggl 在《没有目标人生就失去了精彩》跟帖说：

当能飞的时候就不要放弃飞
当能梦的时候就不要放弃梦
当能爱的时候就不要放弃爱
做最好的自己，让人生充满精彩

我非常赞赏该网友的人生态度，人生可以没有轰轰烈烈，但该出手时应出手，用自己的行动书写一个豪迈的人生。

静下心来想一想，每个人不都在书写自己的人生精彩吗？有些人做了大事业，受到英雄般的追捧，更多的人是在默默无闻、小事和凡事中走向人生的巅峰。

愿每个人都能脚踏实地感悟人生，在酸甜苦辣中用心感受一个唯一的过程。

11.1 崇拜别人不如打磨自己

青年人有一种情结，崇拜名师名家，不仅梦想着有一天成为其中一员，更想着能在名师名家的指导之下，走捷径尽快地提高自己。

有所追求的人一定会有这种想法，这是很正常的现象。就连世界著名科学家、文学家、政治家美国人富兰克林，在没有成名成家之前也有如此想法。

得到名师名家的指点，是一种缘分、一种造化，多数人是没有这个福分的。即便如此，成名成家者比比皆是，当然，要靠自己打磨自己。得到名师名家指点的青年人，怎样才能尽快地成长起来，富兰克林的故事会对大家有所帮助。

据报道，富兰克林在12岁辍学后，进入一家印刷厂当学徒。不久，富兰克林就对写作萌生了强烈兴趣。此时，恰逢《新英格兰周报》在该厂印刷，他便想拜一位报社的资深编辑为师，借助名师提高自己。

经打听，富兰克林得知，有位叫费恩的老编辑博学多才，便决定拜他为师。体弱的费恩本想推脱，但因富兰克林苦苦相求，只好勉强答应。但他提出一个要求——富兰克林遇到没把握的字词，必须首先查字典，遇到不懂的写作知识，也必须自己提前翻阅书籍。只有自学解决不了的问题，才可以请教老师。

富兰克林严格遵守了费恩的要求。他每天坚持写文章，每次交稿前反复推敲，甚至翻烂了好几本字典和教材。几年下来，富兰克林竟一次都没有真正请教过老师！

在不懈的自学和努力下，富兰克林20岁时就成为小有名气的作家，后来又参与起草《独立宣言》。他把自己的成功归功于费恩的指导，一直对老师充满敬畏和崇拜。

费恩去世以后，富兰克林悲伤地整理起过去的稿件，忽然在自己的一篇稿件背面，看到老师曾经写给他的一句话：“我并非你心目中的良师。我曾经不擅长写作，就像当初的你一样，每个串词都得查字典，一篇稿子要看上几十遍。其实我所做的，只是帮你唤醒心中的那个'费恩'，让你习惯于自己打磨自己。”富兰克林这才明白，原来自己的进步，并非来自外人的指点，而是自己日积月累的打磨！其实，每个人心中都有一位老师，只要你拥有自觉和坚持，就可以唤醒心中的名师。

11.2 仔细梳理

元旦前参加区政协会议，由于纪律约束，一般情况下不能请假，如不得不请假，则需要所在单位书面说明请假原因，还要主席办公会研究通过，请假的难度可想而知。

于是，只好断了请假的念想，一心一意参加好会议。会议结束那天，正好是学校元旦放假的日子，一连若干天没能到办公室，也没能见到我的同学们，心里空落落的。一个请假回校见学生们的心始终难以放下。

终于借研究生监考开考务会的机会给自己找了个提前到校的理由。

迫不及待地走进办公室。桌面上，乱乱的。有新来的报纸、杂志、会议通知，有沉浸在幸福中的青年教师的喜宴邀请函，有杂志社约稿的函件，有来自全国各地的新年贺卡，也有来自本市机关单位的元旦祝福，更有现在所教学生的良好祝愿。

我坐下来细细梳理。

于世章同志：

祝您新年快乐，身体健康，阖家幸福，万事如意！衷心感谢您为我市经济社会发展所做出的积极贡献！愿您继续努力拼搏，不断创新，在我市率先科学发展，实现蓝色跨越，加快建设宜居幸福的现代化国际城市中取得更大的成绩！

中共青岛市委组织部

青岛高级专家协会

2012 年 12 月

原来这是青岛市委组织部,青岛市高级专家协会发给青岛市拔尖人才贺年卡中的内容,作为其中一员倍觉温馨。虽不是荣誉,却能让人感觉到一丝自豪。一张大红的蛇年剪纸嵌在贺年卡中,让人赏心悦目的同时也使人备受鼓舞,这不仅是一张贺卡,更是一种凝聚,一声号角。

亲爱的于老师:

新年快乐!

新年新气象,用新的心态去拥抱最美的一年吧!还有老师不要太过劳累,要多休息,不要让眼睛太过疲劳,希望老师每天都能将最灿烂的笑容挂在脸上,用浓浓的关怀温暖身边每一个人。

这个小礼物能记载您最留恋的瞬间

——您的学生

(你一定知道我是谁的!)

就像最后括号内所说的那样,我一定猜得到是哪位同学。漂亮、活泼两个词汇可道出是一位女孩,学习成绩可圈可点自然是名列前茅,一颗为同学服务的心赢得大家尊重,自然是课代表莫属。

于老师

您好,最近工作顺利吗?

现在我去了湖南大学,到校后考上了中德交流项目,大三会去德国进修,可以获得国内外两个大学的文凭。

我们现在的专业对数学要求不高,但是您教给我们分析问题的方法,却让我一直受益。我学会了安排自己的时间,规划自己的日程,回想和您在一起的日子,我感到无比幸福。通过我的努力,我期中取得了班级第一的好成绩,参加了湖南省第八次学生代表大会。相信经过大学四年的拼搏,我是不会让您失望的。

天气渐凉,还希望老师多保重身体,寒假回去,再看您。

子钰敬上

能不感动吗？摸爬滚打了三年的孩子，刚离开自己升入大学，已经懂事了很多，成长了很多。不仅学会了安排自己的生活起居，而且连今后的发展方向也有了准确定位。至于从老师这里借鉴到的知识方法，若能对今后的学习有所帮助，这正是我都愿看到的。

敬爱的于老师：

好久不见，现在您是否还带高三呢？

在二中的三年，遇见您是我莫大的幸运。踏入大学，见过形形色色的人之后，更是不能忘您精妙的讲解、敬业的精神以及普通教师难以拥有的人格魅力。在您身上我们看到了慈祥和威严，看到了做人的道理。于我们，做人当如您这般。

难忘毕业典礼上您给予的拥抱和鼓励，让我坚信高考数学没什么大不了的，所以现在我很好，在一个不错的地方和高数战斗，将来还要和经济学死磕。无论我们身在何方，必将不忘二中人的精神，不忘您的谆谆教诲。有梦便去追，我们终将成为我们想成为的人。

这明信片是暑假游西北时买的，那里风景很好，尤其是青海湖和敦煌。离家匆忙，没带几张好看的，下次给您寄张最漂亮的哈！

祝您身体健康　合家欢乐　工作顺利

2009 级学生　邢甘霖

2012.12.22　于北京科技大学

真是个有心的孩子，连一张贺卡也要精心选择，真难为她了。毕业典礼上一个不经意的祝福，本是再正常不过，没想到成了孩子津津乐道的记忆，看来，老师的一举一动都会让孩子印在心里。

一个个精美的贺卡，一句句发自内心的祝福，一声声跨越时空的问候，我都会在心里珍藏，谢谢我的同学们，愿你们平安、幸福！

11.3 值得玩味的故事

许久以前写过一篇短文《鼓励的奇迹》。大意是一群青蛙,兴高采烈地在森林中结伴而行,不知是由于大意,还是因为兴奋过度,打闹嬉戏中,两只青蛙掉进了一个很深的坑中。面对突如其来的灾难,出于本能逃生是第一要义。于是,两只青蛙使尽浑身力气,试图摆脱困境。一次又一次地跳跃,一次又一次地失败,终于体力不支消停下来。

还没等理顺混乱的思绪,坑沿上伙伴们的嘈杂声不停地灌入耳蜗。有同伴喊:“使把劲,再尝试一下,我们为你呐喊加油。”“拿出勇气来给大家看看,休息后再搏一把。”有的喊:“别跳了,多次尝试已经证明这是白费力气,人固有一死,等死算了。”各种声音不停地传来,弄得本就无所适从、处于困境中的一只青蛙更是心烦意乱。精疲力竭下,“她”倒了下去,慢慢地闭上了双眼,生命走到了尽头。虽算不上悲壮,却也是一种解脱。而另一只青蛙却能排除干扰,顽强地坚持自己的求生观点,仿佛同伴们的建议对它是一种鼓励,尽管处于坑底,它还是用感激的眼神回复着每一个注视自己的同伴。

短暂的调整之后,它用尽平身力气飞身一跃。奇迹出现了,自己稳稳站在了同伴的面前。顿时,群体沸腾了,慰问声,祝福语不绝于耳,场面像欢迎英雄归来一般热烈。

按人类思维,奇迹出现自然是有原因的。于是,多事的“人”还是问起了:“究竟是什么力量,促使你摆脱了死亡的威胁?”这只青蛙笑而不答,这越发引起大家的兴趣,于是各种问题接踵而至,“你当时是怎么想的?”“在那样的严酷的局面下,你想到过放弃吗?”连珠炮似的问题都没有得到回应,直到这时“人们”才发现这只青蛙是只聋子。

聋子在坑底看到同伴们的嘴不停抖动,始终认为所有的好朋友都在为自己加油,为了不使同伴失望,也为了使自己尽快脱离险境,只好尽最大努力使劲跳跃,之所以出现奇迹,全仗同伴们不停地鼓励,“他”一直心存感激。

故事的真实性无从考证，掩卷沉思中却能有所感悟。一个人遇到困境，怎样才能迎来黎明？是等待救援，还是想办法自救。是听从别人的意见，还是坚定自己的信念。是偏听偏信，还是排除干扰信自己一回。故事很短，却值得玩味。

11.4 在感动中度过每一分钟

春节如约而至。

不知为什么，今年的拜年短信来得格外早，而且形势汹涌，大有势不可挡之势。真应了人们那句话：拜年要趁早。

还走在回家过春节的路上，就接到孙校长的新年祝福："感谢生命中相识的缘分，珍惜与您真诚的情谊，感恩您每一次全力的帮助！祝您新的一年安康顺利幸福！"

感动！原创短信内容虽短，却将那份相识相知真诚以待的情分蕴含其中，也将工作中的那份默契嵌在字里行间。这不是褒奖仅是祝福，这种祝福却先于别人，发给了和他一道辛勤耕耘的老师们，这种主动虽在工作中多有体会，今天还是给人带来感动。不待片刻停留，手指已在键盘间滑动，回复是必需的。

接班一个学期，加上不带班主任，部分学生的特长不怎么掌握。"新的一年祝老师新年快乐，工作顺利。感谢半年时间里的教导，半年的时间并不算长，但这足以让我相信你是一位好老师，也许我并没有表现出来那么多的热情，不过请老师相信我会继续默默地以我的方式热爱着数学，也希望在剩下的 4 个月里与您合作愉快。"这是郑雅琦同学发来的祝福短信。该同学虽默默却有闻，遇事有主见，学习挺主动，回答问题有观点，成绩自然不在话下。

"于老师，新年快乐，今年我们放假晚，上次他们回二中看您时我还在考试呢。好想您哪～祝您健康幸福。"不署名的短信，让我好一顿猜，她(他)没有看到我的失望就像我不知道她(他)是谁一样失望。还让我过年不？

"老师，新年快乐，一直以来老师对我的教导让子钰受益匪浅，来年我还会更加严格地要求自己,努力学习,绝不辜负老师的期望。今后,不管我身在何处,永远是您的学生。最后敬祝老师新春快乐!来年工作顺利。"这是上届毕业的学生王子钰发来的,该同学升入大学半年,不仅学业有成,还被选为湖南省学生代表大会的代表,并参加了省学代会,能不让人感动么!

"我呢,废寝忘食费尽心思的想怎么在群众的短信中脱颖而出,感动吧?连财神幸福神快乐神健康神吉祥神如意神平安神都感谢不已呢,所以我们决定将所有的乐事带到您的身边永远守护在您的世界呢·嘻嘻。学生在这里祝您合家欢乐幸福安康。新年快乐 o^u^o"。这是现任课代表王梅晨同学写给我的祝福短信。发短信就像胜任课代表一样,总是那么细致用心。瞧着几行字,哪一个字不是从心底迸出。感动!

"祝老师新年快乐身体健康万事如意!!这里没有群发没有复制全是我的肺腑之言,但愿不会隐没在茫茫短信之海里。感谢老师半年来的教导,我受益匪浅。求学十余年从没有哪位老师像您一样能使我在学习上如此的恍然大明白。对您虽尚不及程门立雪那般执着,也有'一日为师终身为父'般的崇敬。在这关键一年,能成为您的学生,成为数学课代表,我荣幸之至。不管是破釜沉舟还是孤注一掷,我仍存有考上任何一所大学的野心,希望来年春天,能笑着回二中看您。再说一声新年快乐!"这是另一个班的课代表郭亚菲同学写给我的新年短信。语言发自肺腑,师生相聚虽属偶然,那份师生情谊却已存在心底。短信不仅不会淹没,还时不时翻看,就想留下印记。

感动还在持续,在享受每分钟的感动时,自然也不会忘记让别人也享受到我传递给他们的感动。

11.5 打不通的电话

1

11 年前,在青岛,他和我的同学一起,为我一家来青岛工作定居举行小范围的接风聚会,那是初次和他见面。30 多岁的他,虽谈不上风流倜傥,却有谦谦君子之风，年纪轻轻，已经是青岛某大学的副教授，对于从小地方来的我，能和大学教授一起交流，也是莫大的福分了。

由于是初次见面，留下的印象不深。记得他不多言，空闲间不停地抽烟，席间，虽礼节性地相互敬了几杯酒，还是没有留下太多记忆。只是听我同学介绍，他是我同学的高中的同学，我们三个人都是同一个院系毕业的，他是 80 级，学弟，仅此而已，以致在后来的相聚中，竟然没有认出他来。

2

工作渐渐安定下来。由于业务上的联系，我和他的交往渐渐多了起来。

记得是 2003 年，山东的新课改大有“风雨欲来风满楼”之势，一时间，大家都在议论、猜测、关注。

怎么改如何教，对大家来说都是未知数，茫然，绝对是一片茫然。尤其年龄稍长的老师，如何面对从没有讲授过的内容，大家心中都有一种忐忑。

为了了解课改前沿信息，牢牢掌握主动权，我出面聘请了他，给我们教研组老师介绍了新课改的有关信息，并就布尔代数、开关电路等相关内容做了多次讲座。

由于当时彼此间都是“熟人”，也就没有提讲课费的事情，他也是只管讲课，从没有提起过报酬问题。只要需要，请他，时间许可，他准保过来。以致一年以后，才象征性地解决了这个问题。当把“好消息”告诉他时，他坦然，笑笑，并不太介意迟到的“课酬”。

3

我工作的团队中，有几位是他的学生。每当他到我们学校来，总有一帮人围在他周围，老师长老师短的说个没完，那个亲呐，明眼人一看，他肯定是一位不错的老师，人缘好，认可度高。

“他是我最敬佩的老师，也是最有学问的老师!”这是他的其中一个学生发至内心的话。

也难怪,他从教近30年,已经教过若干届毕业班,不仅是专职数学教师,还是系副主任,系总支书记,获得过青岛市、青岛大学“优秀教师”、“师德标兵”等荣誉称号,先后两次获得青岛大学教学优秀奖,连续两届被评为学院“十佳教师”。难怪有那么多的追随者。

在这样的背景下,我渐渐地和他熟悉起来。彼此间电话问候有之,闲暇时小斟有之,校友来青时的偶聚成了我们畅所欲言的最好机会。

我俩一起申报科研课题,协同进行科研课题的研究。每当教研中有相同观点时,就整理成文,以两个人的名义投稿给杂志社。

他总是说,青岛市有大型数学教研活动的话,通知他一声,他乐意参加。有了他的表态,还真邀请他好多次,不仅有市里的还有我校组织的多项教研活动。有时为能邀请到他与会还沾沾自喜过。毕竟他是大学教授,他的与会确实能提高会议层次。

再后来,他被聘为教授职称,院系有了硕士点,他就成了硕士生导师。我也在他的推荐下,接过了校外所谓硕士生导师聘书,偶尔给研究生做个讲座,带研究生实习实习,我能做的仅此而已。这个过程加深了我俩之间的了解。

4

9个月前,我去青医附院西院区看眼疾,在四楼遇到他,也来看病。彼此问候几句,就各自瞧病去了。只记得他当时说自己的肾有点问题,凭自己的身体素质,应该没有大碍。一幅对病情不屑的样子。

没几日,有朋友告诉我,他的情况很不妙,医院确诊是肺癌晚期。绝对是惊诧,好好的人怎么突然能得上这么个病呢?

住院、化疗,无休止的折磨开始了。眼见着人一天天消瘦下去,意志也在一天天的消磨之中。局外人能做的就是到医院看望看望、宽慰宽慰。无奈何,爱莫能助,唯一能做的只有为他祈祷。

近日去医院看他,越发的让人揪心起来,人瘦得厉害,与入院时判若两人，有一种凄楚之感。

不知是对职业的眷恋，还是病痛的折磨所致，有些神志不清的他，对身边伺候的儿子，竟然长时间地讲起数学来，那份认真、那份执着，就像在熟悉的三尺讲台之上，让在场的人心里流血。

我走出他的病房前，高声地告诉他："兄弟，要坚强，教室里的学生们还等着您去上课呢!"他无力地伸出大拇指表示认可。

隔一天，再见到他，已是弥留之际，高声喊叫他，眼睛能勉强睁开。渐渐地，血压没有了，心脏停止了跳动，医生习惯性地开出了最后一张证明。

就这样，一个生命结束了。我的兄弟王廷明去了天国。他 49 周岁。

他的电话号码还在我的手机里存着，却成了再也叫不通的电话，即便如此还是不舍得删除，想念的时候，习惯性地注视着手机屏幕，算是对他的思念。

11.6 愿倾听你心中的"天籁"

下课走出教室，二班学生干部拦住我，请求我给二班同学写几句话。没头没脑的要求，弄得我一时手足无措，不知如何是好。

细问情由，原来是学生搞了一个活动，评选心目中的好老师，好像我榜上有名。为这事，班会上要进行互动，其中有个环节，师生彼此说说心里话。要求不过分，就答应了下来。于是，有感而发写下了如下的心语：

愿倾听你心中的"天籁"

略显庸俗的教学，不乏生命的激昂。知天命的我，"阴差阳错"般地和二班同学相遇，吾幸他幸?

缘分所致，和一帮有鸿鹄之志的青年在一起，青春自然焕发，何况还要携手走过人生中一段难忘的履历，他幸吾幸?

为师，不会因了社会上太多的浮华之声，而忽视了对你们纯真声音的倾听，也不会因了教学过程中的沟沟坎坎，而忽视了对你们内心世界的倾听，既然已接手，责任自在肩，我会用心感受每个生命中真实世界的"天籁"。

没想到,学生们又给了我另样的心语,读来令人感动:

愿倾听我们心中的"天籁"

——高2(2)班学生评于世章老师

貌似庸俗的教学,不乏生命的激昂,平凡中彰显着大气,更似化腐朽为神奇。

知天命的您,"阴差阳错"般地和二班这群熊孩子相遇,吾幸您幸?

缘分所致,和一帮有鸿鹄之志的青年在一起,青春自然焕发,何况还要携手走过人生中一段难忘的履历,您幸吾幸?

您为吾师,不会因社会上太多的浮华之声,而忽视了对我们纯真声音的倾听,也不会因了教学过程中的沟沟坎坎,而忽视了对我们内心世界的倾听,既然已接手,责任自在肩,感谢您用心感受、用心倾听我们每个生命中真实世界的"天籁"。

吾爱真理,吾尤爱吾师!

11.7 教师节大会发言

各位领导、来宾、老师、同学们:

下午好!

9月,我们满怀激情迎来了第29个教师节,二中校园到处热情洋溢,激动与喜悦的心情溢于言表。作为教师代表,能在这里倾吐心声十分荣幸。

今天上课,一踏进教室,"老师节日快乐"的问候从每个学生心中飘然而来,问候虽短,却甜在心里,让人回味悠长。

参加教师节庆祝典礼的会场里,接过从主席台上簇拥而来的学生送上鲜花的一刹那,作为教师仿佛成了世界上最富有最幸福的人。

"今天是教师节,祝您的花园里鲜花灿烂,果园里硕果累累,愿您堆满灿烂的笑容,使爱您的每一个人都能看到您的笑,教师节快乐!"身在世界各地的学生们纷纷发来问候短信。谢谢我的学生们,衷心祝福你们幸福安康。

学生家长也发来短信慰问祝贺："人生因良师而智慧，因益友而温馨，因事业而从容，因梦想而执着，因成就而自豪，因珍惜而快乐，因您而更多精彩，教师节快乐！"话语不多，却饱含深情，诸多幸福，几多期盼。

"你把窗子打开，我的祝福会随着风飘进来。你把窗帘拉开，我的祝福会随着月光射进来。你把手机打开，我的祝福会随着铃声响起来，祝教师节开心、平安、幸福！"在秋高气爽的日子里收获幸福，作为教师，还有比这更令人自豪的吗？

做教师无悔，在二中做教师更令人骄傲，因为二中是成长的沃土，是成就事业的基石，是挥洒人生的舞台，是书写烂漫青春的画板。在这里种下希望，收获的是春华秋实、冬雪夏花。

这里，有我可爱的同事，他们执着、勤奋、诲人不倦、精益求精，他们对教学能悟其精华思考提升，精雕细琢后的独到见解总能赢得同行的广泛赞誉。正如孙先亮校长所说："做教师尤其是做一名优秀的教师，不仅是能够把课讲得漂亮，让学生如痴如狂，还应该坚持不懈地思考，把隐性的教育经验显性化。"我觉得，二中老师做到了。

学生更是我们的所爱，正是学生如雄鹰般蓝天翱翔，才使教师的理想插上了翅膀，青春焕发了活力，事业蒸蒸日上，想到此，感觉作为老师——值！

教学三十载，研讨几多秋。踏上讲台长征始，半百无悔守沃土。就算岁月有变迁，不改信念仍依然。因为我知道，骏马用驰骋回报草原，教师只有热情相拥，才能换来"青出于蓝而胜于蓝"的薪火相传。

"耿耿园丁意，拳拳育人心"。我深知，教育是事业，需要去献身；教育是科学，需要去求索；教育是艺术，需要去创造；教育是工程，需要用心铸就。不彷徨，再起航，三尺书案孕情怀，一支粉笔写篇章。

老师们、同学们，再长的话语诉不完对教育事业的忠诚，再美的诗篇表达不尽对教育事业的热爱。"一片丹心惟报国"无怨无悔育桃李。我和我的同事们将会在高端教育理念的引领下，严于律己，以身作则、率先垂范、为人师表,真正担负起传播文明、塑造灵魂的神圣使命。教育振兴,我们责无旁贷。

最后,祝愿各位老师身体健康、工作顺利、节日快乐!

11.8 为什么要送孩子上学?

虽从事教育几十年,要回答“为什么要送孩子上学?”确非易事。仿佛这就不算一个问题,从古到今,大家都在这么做,一切都是顺理成章。突然间冒出这么一个低层次问题,让大家有点始料不及,回答起来也不是那么得心应手。

即便如此,我还想寻找自己的答案。于是,吃饭时在思考这个问题,晚上也会带着问题入眠。有时会突然间问夫人,“为什么要送孩子上学?”夫人会掐着指头一二三四地回答一番,我也是“很耐心”的听她发表自己的观点。其实,夫人和我心里都清楚,她的观点相对于我想要的结论还有不小的距离,就算这样,还是想听听多数人的意见,以使自己及早将该问题理出个头绪。

有时一个人坐在电脑前静静地发愣,却也寻不出满意的答案。好像这就是天经地义的事情,不需要什么理由,几千年来,人们自觉遵守着,就像数学中的公理一样,是大家都接受的事实。

美国总统奥巴马在和弗吉尼亚州阿林顿郡韦克菲尔德高中的学生们在一起师德演讲中说道:“我可以向你保证,不管你将来想要做什么,你都需要相应的教育。——你想当名医生、当名教师或当名警官?你想成为护士、成为建筑设计师、律师或军人?无论你选择哪一种职业,良好的教育都必不可少,这世上不存在不把书念完就能拿到好工作的美梦,任何工作,都需要你的汗水、训练与学习。”不可否认,送孩子上学读书接受教育,是孩子成功的阳光大道,但要知道,孩子上学远没有找一个好工作这么简单。

当然,孩子上学有一帮同龄人陪伴,对孩子的身心健康、心智发育、交流交往都有好处。

孩子进校读书,自然会受到校纪校规的约束,从小使孩子明白,社会是讲规矩的。

送孩子上学的理由会说出一大堆，总觉这样的回答，不够使人满意。直到有一天，看到大江健三郎的《为什么孩子要上学》才顿觉明朗。

11.9 别样的春节礼物

习惯性地打开邮箱，一封信映入眼帘，全文如下：

尊敬的老师：

在这辞旧迎新之际，数学通报编辑部向您致以诚挚的问候，感谢您一年以来的支持与订阅，我们将一如既往地伴您前行，期待您的佳作。愿我们再接再厉，为我国的教育事业，携手共进，再创辉煌。

祝您

新春喜庆花满天
年节惬意体康健
快意人生友朋伴
乐庆新年尽欢颜

2015 年 2 月

原来是《数学通报》编辑部发来的春节慰问信，这是做梦都不敢奢想的事情。从事数学教育的同仁都知道，《数学通报》是数学教育界享誉很高的杂志，是数学界为数不多的中文核心期刊，想在该杂志上发表文章阐述观点，是一件很不容易做到的事情。

阴差阳错般的一次用心，将课本习题进行拓展挖掘，细细梳理后，将观点子丑寅卯般跃入文中，再三锤炼后，寄给了《数学通报》，没想到能得到编辑们的青睐，2014 年的 12 期刊登了出来。

本想这件事就此结束了，不想 2015 年春节来临的前夜，收到了编辑们的慰问信，这既是对自己的信任，也是对自己的鞭策。新的一年，我将会更加关注《数学通报》，阅读《数学通报》，期望在新的一年里有新的建树。

11.10 我的收获

准备多日的青岛市名师公益课堂，伴随着下课铃声终于告一段落。静下心来细想，作为公益活动的参与者，在为大众服务的同时，自己也收获了很多。比如备课，就和平时有所不同。因为对受众群体不熟悉，备课时必须有所考虑。果然，来听课的同学不仅高中各个年级都有，而且部分初中同学也参与其中，更让人想不到的是，部分家长不仅仅陪孩子参加，而且自己也作为成员参与整个教学活动。

面对如此复杂的受众群体，怎样才能使每个人不仅听得懂还要感兴趣，这就需要授课教师有较强的课堂驾驭和应变能力。

开场白用了自己专门为本节课写的一首诗歌，动作不大，却调起了参与者的胃口，目的达到了。

莫道秋草黄　却见君行早
若问由何聚　此番风景好
美鹤排空上　吟诗碧霄朝

唯愿追梦人　争舞潮头豪

为了开阔学生视野，提高自信心，提升学习数学的热情，增强学生民族自强不息的意识，我借用了德国数学家高斯的一段话：

有一个异乡人在巴黎问当地人："为什么贵国历史上出了那么多伟大的数学家？"

巴黎人回答："我们最优秀的人学习数学。"

又去问法国数学家："为什么贵国的数学一直享誉世界呢？"

数学家回答："数学是我们传统文化中最优秀的部分。"

我接着问学生："如果有一个异乡人在中国的高中学校内问高三学生：中国的高三学生为什么热衷于数学？为什么废寝忘食地学习数学？"我们该怎么回答呢？

不出意外，学生们的回答还是很现实的，就是为升学。难道学习数学仅仅是为了升学吗？

把数学看成是传统文化的一部分，而不是作为敲门砖或谋取名利的手段，我们的数学事业就会兴旺发达，数学研究和人才培养就会成为一种有序的制度，中国也有望成为真正的数学大国。

希望这段话能给大家带来启发。

历时两个小时的公益课堂，紧紧围绕数学思想展开，尤其是"转化与划归"思想的应用，更是让学生兴趣盎然。

整节课就以下问题展开：一是特殊与一般的相互转化。对于那些结论不明或解题思路易发现的问题，可先用特殊情形探求解题思路或命题结论，再在一般情况下给出证明，这不失为一种解题的明智之举。

二是有限与无限的相互转化。若将极限思想与特殊化原则相结合，根据图形元素的极端位置或某一类量的极端情形，来研究解决数学问题，尤其是最大值、最小值、边界值等问题,常常是快速有效。

三是等与不等的相互转化。等与不等是辩证的两个方面,把不等问题转化成相等问题,可以减少运算量,提高正确率;把相等问题转化为不等问题,能突破难点找到解题的突破口。

因时间关系,备课中涉及的其余四个问题没能提及。

第十二章

数学课堂诗性化的实践与探索

"生活中本不缺少美,而是缺少发现美的眼睛"。以抽象思维培育为主的数学课,本来不缺少诗情画意,只是缺少激发的方法。著名数学家华罗庚说过:"数学本身具有无穷的美妙,认为数学枯燥、没有艺术性,这种看法是不正确的,就像站在花园外面说花园枯燥无味一样。只要踏进了大门,你们随时会发现有许许多多趣味性的内容。"

作为一门魅力很强的学科,人们在固有的好奇心、上进心的驱使下,渴望揭示世界最深刻的奥秘,这确实需要理性精神,但在理性精神的背后同样需要火热的激情投入。

为此,数学课堂上处于主导地位的数学教师,应借助自身的知识、能力、个人修养,将数学文化、数学哲学、数学史志教育渗透到数学课堂教学的方方面面,并能为数学教学发挥更为积极的作用,使学生在充满浓浓的"数学味道"的课堂上学到知识的同时,也能切实感到身心愉悦,并能在赏心悦目中真正喜欢数学、爱好数学,有信心学好数学。

12.1 良好的开端是成功的一半

全国"聚焦课堂"活动,于2010年4月22号在济南一中举行。由济南一中张素芹老师、上海延安中学于在洋老师和我共同执教《三角函数的定义》一课。

如何能在"同课异构"中,依据自己的教学经验、知识背景以及对教与学的把握程度,建构出具有个性化特点的教学设计,在"同中求异,异中求同"中呈现出个性化的教学风格,真正实现对教材内容的正确解读、对课改方向的准确把握,实现不同构想中的殊途同归,确实是对执教者的一种考验。究竟如何设计这节课,才能在"同课异构"中展现自己的"同"与"不同"呢?

于是我想到良好的开端是成功的一半,抓开局是我首先想到的战略战术。不可否认,数学教学的核心是解决问题,但它不是数学的全部,要知道数学也是文化,数学与人文是分不开的,数学课堂不应是干巴巴的说教,而应是充满诗情画意的、吸引人的生命流淌。要想完成一节满意的数学教学课堂，良好的开端是最佳选择。毕竟这时是凝聚人心、提高兴趣的最佳契机。于是，我采用如下的开篇语：

又一个阳光明媚的春日
又一堂高朋满座的聚会
又一群求知若渴的学子
又一刻续写精彩的契机
这一切，都是为了两个字
——“教”和“学”

寥寥数语已引起学生的极大兴趣，掌声响起的刹那间，已预示为本节课的顺利进行做了精神上的铺垫。

12.2 将数学史志教育和数学家人品教育融入课堂

如上所述，我在点明主题《三角函数的定义》后提出问题：三角函数究竟是一门什么样的学问？它是如何起源，又是怎样发展起来的？哪些数学家为此而付出过艰辛的努力？

当然，让学生了解概念的来龙去脉，知道概念的生成过程，对学生理解概念会起到积极作用，同时还能让学生感悟到数学家严谨的科学态度、顽强的毅力和勇于为科学献身的精神，从而建立起自己的科学发展观。于是我采用如下的幻灯片：

三角学的起源、发展与天文学密不可分，它是天文观测结果推算的一种方法。在1450年以前的三角学主要是球面三角，这不但是因为航海、历法推算及天文观测等人类实践活动的需要，而且也因为宇宙的奥秘对人类的巨大吸引力，这种“量天的学问”确实太诱人。后来，由于间接测量、测绘工作的需要而出现了平面三角学。

15世纪,德国的雷格蒙塔努斯的《论三角》一书出版,标志古代三角学正式成为独立的学科。这本书中不仅有很精密的正弦表、余弦表等,而且给出了现代三角学的雏形。

18世纪瑞士数学家欧拉首先研究了三角函数,这使三角学从原先静态研究三角形的解法中解脱出来,成为反映现实世界中某些运动和变化的一门具有现代数学特征的学科。

经过漫长时间的孕育和众多中外数学家的不断努力,演变发展成为现在的三角学。

一节课的成败很大程度上在于调动学生。如何将学生的情绪调整到最佳,使学生在课堂上有精彩的发挥,这是考验老师课堂掌控能力的标志,为此我也有自己的想法,针对上述短文用下面几句简短的话概括出我此刻的心情:

一篇短文让人感觉懵懵懂懂
一种"量天的学问"早已让人魂牵梦绕
一种渴望已在心头升腾
一种冲动将在无限的希冀中付诸行动
这大概就是学习的动力所在吧!

12.3 口诀式的教学常会收到意想不到的教学效果

数学中公式、规律,若以易记忆、易上口的口诀形式给学生,不仅能引起学生的兴趣,而且记忆起来也会长久、深刻。本节课确实是在讲授《三角函数定义》,但当三角函数定义出来之后,三角函数值的符号问题又摆在面前,如何记忆三角函数值在各象限的符号,授课教师也是"八仙过海——各显其能。"我用如下的诗歌帮助学生记忆:

正弦一二全为正
余弦一四情独钟
正切一三弄倩影
各展妩媚为谁红？

寥寥数语，已将三角函数值在各象限的符号表述得明白无误，学生在学习、记忆数学知识的同时也在欣赏数学。

12.4 精彩的小结会为数学课堂锦上添花

小结是一节课的结尾，也是一节课的亮点之一，准确把握会对本节课的学习起到锦上添花的作用。就拿《三角函数定义》这节课来说，要让学生明白三角函数是以角为自变量，以比值为函数值的函数的同时，还应清楚三角函数值在各象限的符号与点的坐标是有关系的这一事实。我设计如下的小结：

三角函数名不同
坐标比值却得宠
符号跳跃各象限
任意角间觅影踪
新知旧知互迁移
探索当中寻奥秘
想要"量天"学三角
平凡唱响主旋律

文字不长，却能起到画龙点睛之效，语言不多，却能给人耳目一新之妙。

在另一节公开课《生活中的排列组合》结束语中，学生用如下的诗句作为小结：

音符排列　乐曲悦耳动听
原色组合　世界五彩斑斓
碱基列构　生物物种多样
原子拼合　宇宙物态万千
零一有序　信息传入万家
四力相合　万物运行有序
字母齐聚　单词千变万化
词句相组　文章行云流水

洋洋洒洒中将宏观与微观、现在与未来、语数外理化生各门学科融为一体,数学素养之高不得不令人叹为观止。

12.5 深挖细琢中体现数学的博大精深

数学课堂教学的目的之一就是培养学生良好的思维品质,进而完成向数学素养的过渡。课堂教学中的深挖细琢,在体现数学博大精深的同时,也在考量学生数学素养的提升与否。

又到了讲授椭圆内容的时候了,课前经过精心准备,满怀信心地走向了讲台。在古希腊几何学家用平面去截一个对顶圆锥面,当平面与圆锥面的轴线所成的角变化时,得到不同的截线,分别是圆、椭圆、双曲线、抛物线,通常将上述曲线称为圆锥曲线。在这样的新课导入下,我建议学生利用自己已经准备好的教具,亲自动手画出椭圆,这样做的好处是使学生在动手和动脑中学到知识,在探索、发现的过程中增加对图形的感性认识,形成直观的几何背景,从而更有助于学生对椭圆的学习和理解,有助于发挥学生的主体性、积极性和创造性。

在学生画图的同时,建议学生思考两个问题:一是现实生活中椭圆有什么作用?二是站在人文的角度去赞美椭圆。紧张地忙碌过后,在欣赏自己“杰作”的同时,经交流碰撞出智慧的火花,回答的闸门一下子打开,同学们争先恐后，纷纷发表自己的看法。有同学说："从物理中光学的角度出发，从椭圆一个焦点发出的光线，经过椭圆反射后，反射光线应交于椭圆的另一个焦点上。"话音刚落，一片赞扬声从各方传来。有同学说："从天文学的角度来说，人造卫星绕地球运行是椭圆形的轨道。"齐刷刷的掌声给予充分肯定。有同学说："国家大剧院的截面是一个近似的椭圆，为了保证视觉和听觉效果的良好，舞台的位置应在椭圆的一个焦点上，而观众应该在椭圆的另一个焦点上。"对此有同学提出了自己的不同见解，这当然有助于对知识的理解。如此等等，不一而足。有的同学对椭圆发出了由衷的感慨，其中李旭同学出了一副对联：

青山青，青山是山；
椭圆椭，椭圆非圆。

此对联一出，全班掌声如潮，赞扬声不绝于耳。该对联对仗工整，道出了椭圆与圆的区别。受此启发，国家逸同学赋诗一首：

极目远眺，寻寻觅觅，
万千佳丽中，
唯有你——朴实而平凡，却华贵雍容，
日月星辰，唱响永恒旋律，
岁月无痕，彰显风度翩翩，
蓦然回首，
在沧海的尽头，在心田的林间，
就是你——灵犀　椭圆。

数学课堂几乎成了赛诗会，同学们的聪明才智得以充分展现，举手要求发言的同学越来越多。其中佘飞同学的藏头诗更是一绝：

每当人们在星空下仰望

总有你那平凡而独特的模样
每颗星星面前都是你铺的道路
固定轨迹里散发出永恒的光亮
你从宇宙到了我们身边
太阳月亮两个把你的存在隐藏
但退一步定睛细看
你又一点点露出了面庞
我们的间距忽近忽远
恍然间便离开了身旁
有时是圆的影子
而双曲线和抛物线又是你的伪装
虔诚的人为你的存在而寻觅
终于在固定的离心范围找到你的家乡
再回看那长夜中星光的轨迹
在你身影的形状中又有别样的光芒
原来每个点都有你特殊的意义
原来在你的身躯里有伟大的能量
我们循着轨道继续不断地探索
而你的踪迹指引着我们前进的方向
圆锥曲线是平面上的花园
那优雅的椭圆就是最馥郁的芬芳
在学习椭圆中感受几何的宏伟
来享受吧！课堂那边是浩瀚的海洋

该同学将椭圆定义洋洋洒洒藏于诗歌每一句的第五个字中，让人在感叹和惊讶其才华的同时，真正从数学课堂感悟到浓浓的人文色彩。

由于数学内容的类比性和延续性，在后续讲授抛物线内容时，同学们很自然地站在人文的角度去审视双曲线，当我在投影上投出一段彩虹的影像时，有同学脱口而出"抛物线，像彩虹，七色玉带挂苍穹"的妙语。当投影出抛物线形的桥梁时，有同学即刻吟出"抛物线，似桥梁，饱学之士竞畅想"的佳句。

同样，在《生活中的排列组合》一课中，学生根据自己对排列组合的理解，凭借自己无限的想象力，将与自己生活息息相关的人和事，用下面诗歌的形式抒发出来，读来给人以震撼：

入夜，星河灿烂，繁星满天，是有序的排列，还是无序的组合？
海面，浪花点点，卷起千堆霜雪，是无序的组合，抑或是有序的排列？
春花，夏草，秋风，冬雪，周而复始地排列成明媚的年岁。
姹紫，嫣红，五光，十色，不知疲倦地组合成绚烂的世界。
入眼的是红瓦绿树碧海蓝天排列出的二中校园。
铭记的是课堂，跑饭，午休，自习组合出的青春年华。
茫茫人海中，冥冥的命运将我们组合，而我的组合定会排列出华美的篇章。
莘莘学子，我们是你们守候的组合，而辛勤的园丁，亦是我们期待的排列。

细细想来，人们为什么喜欢音乐？因为它有优美和谐的旋律。人们为什么喜欢图画？因为它描绘人和自然的美。其实人们同样应该喜欢数学，因为它像音乐一样的和谐，像图画一般的美丽。如果我们的数学课堂教学在传授数学知识的同时，融入一些人文色彩，增添一些诗情画意，那么，我们的数学课堂将变成活跃的、开放的、令人期盼的课堂。

12.6 论椭圆

初看题目，好像就椭圆展开论述，其实不然。该标题借自于 2012 级高二(12)班课代表王均毅同学的《论椭圆》。

送走高三,接手高二。期中考试刚过,走班按部就班地进行,虽不分文理课,但具文理倾向的教学班却开始了新的征程。

又到了圆锥曲线部分。按以往教学习惯,椭圆内容讲完之后,要布置一项特殊的作业:站在欣赏的角度重新审视椭圆。

既然是欣赏,自然有不同。表面的欣赏可赞,深刻的感受更是期盼。只要站在一定高度,将内心深处的感受表达出来即可。高二(2)班崔洁玉同学写了如下一首诗:

椭圆诗

你
如果是一个动点
父母
就是两个焦点
无论你走到哪里
都会有一条无形的线
让你们彼此
距离不变

亲情连着你我,动点总离不开焦点,看似感情自然流露,却是知识升华后的内心表白。

李昊林同学也用一首诗从另一个角度赞美了椭圆:

赞椭圆

相见于物理　相识于数学
愿相许于星空浩瀚

陌生于练习　熟悉于探究
愿长伴于人生征途

初始于物理，深刻于数学，浩瀚星空中处处有椭圆的身影。不停练习中，知识已内化，漫漫人生路椭圆伴征途。

打开王钧毅同学的作业本，一篇工工整整的《论椭圆》赫然入目，初读有点古色古香，不甚明了其中含义。再读却有一种内心的震撼，看似寥寥几句话，却对老师提出了诸多期盼。

论椭圆

忆癸巳年十月三十日，余年少，师于世章，时值高二。

当是时，吾师展众人投影，曰“此乃汝等之前辈所作！”余细品之，叹为观止，不由连声称道，感吾生至此尚未有一佳作，实乃憾事，遂作此文。

古语有云：“青山青 青山是山，椭圆椭 椭圆非圆。”余谓椭圆，如地之于天，可望不可即。余尝偶然习得圆律，然高二时日过半，仍不得其要领，每每遇题现圆，只得望而兴叹。

值迷茫之日，幸遇吾贤师，授余数理，感激涕零。

其授道法曰：“两点为焦，其间 2c，原点等距分之。”

余谓之正如生死，阴阳相隔，然时日无差，各距一生，妙哉妙哉。“椭圆上任意一点至两焦点和为 2a”，虽一言，若细品之，更乃奇趣无穷，怎一个妙字了得！

今余习得椭圆律，实属不易，望吾师高抬贵手，易之习题，化繁为简，吾等感激不尽。

第十三章

做家长当如此

13.1 做家长当如此

又到了学期末，班主任老师都在忙家长会的事情。每年四次的家长会，要开出新意谈出观点，对班主任来说是一种挑战。

家长会上分析成绩固不可少，但孩子成长过程中的教育问题更是避不开的话题。当然，孩子接受教育是学校工作中的重中之重，家长的担当也是回避不了的话题。那么，家长会上能不能就这方面谈谈想法呢？

我真该为自己生活在这样一个民主的，淡泊名利的家庭而庆幸。若是换一般的家庭，两周前大概会发生一场不小的风波。

我决定不再继续在少年作家班高继班学习了。当我怯生生拿起手机，拨通母亲的号码时，已准备好长一套争辩之语。但在刚向母亲说出想法，那边便传来一句话："那就退了吧，别强迫自己。"

那是我心中的感觉，用一个颇俗气的比喻，正仿佛是大冬天捧一杯暖暖的咖啡，温热的香气盈满全身，在舒畅之外，更多一丝感动。

这是青岛二中高二(2)班高文斌同学，在校报《二中人》(2012年5期)专栏作家栏目中发表的《活给自己的青春》一文的开篇语。

此事要放在别的家庭，家长的能不能做到这样需要打个问号。"若换了别的家庭，等待我的恐怕只有一句话：千万不能退，留着学员证，无论自招还是出国，都有用。"这是家长的正常反应，无可厚非。可高文斌同学的家长偏偏同意了孩子的选择，充分尊重了孩子的意见，这大概是家庭教育中对孩子最好的褒奖，这是最值得称道的。试想，在孩子成长的道路上，还有什么比对孩子的尊重、肯定更重要的事情呢？

法国卡仰大学的普丽娜是一位单亲母亲，在女儿的教育问题上，也很有自己的见解。哪些事情该家长担当，哪些事情不该家长担当，普丽娜做的可谓泾渭分明。

一次，普丽娜在办公室接到女儿的电话："妈妈，快来救我呀，我把数学课本丢在家里了,马上就要上课了,没有课本肯定要挨老师批的,快马上给我送来,拜托,拜托!"普丽娜工作的地点离女儿的学校不远,送趟书也不是难事。可普丽娜没有这么做,她选择了拒绝。

一般而言,若是国内家长遇到这样的问题,会立马放下手中的工作,不顾一切地去完成女儿布置的任务。这对家长来说不是难事,且是为了孩子,有什么可犹豫的呢。

"妈妈在上班,不能随便离开的,哪怕离开的时间极短暂。"拒绝得斩钉截铁,这一刻好像没有了做妈妈的那份温情。女儿又连续打了两个电话,普丽娜干脆选择了不接。

可作为家长有提醒的义务:"妈妈相信你一定有能力处理好这件事。"这是问题得以妥善处理的关键所在。

可能是因为妈妈的提醒,女儿"制造的麻烦",还是自己进行了圆满解决。为了不耽误上课,她到别的班级借了课本,这算不算"智慧"暂且不论,起码是急中生智解决了因自己疏忽所造成的麻烦,"解铃还须系铃人",妈妈的一次拒绝使孩子长了记性。

自此以后,女儿上学前会"自觉主动地检查自己的书包,看看有没有遗忘的书本,因为她知道,妈妈是绝对不会帮她送的。"

小失误,却能养成好习惯,这是普丽娜在家庭教育中最值得肯定的地方。

两位家长,在各自孩子的教育面前,选择了让孩子自己担当。我要说,做家长当如此。

13.2 他上了北大

谈到二中学生家长,不得不说说有一面之缘的学生曹同学的妈妈。

6 年前,初中直升工作结束后的二中招生咨询会现场,我接待了因直升落榜的曹同学的妈妈。

和别人家前来咨询的家长不同，曹同学的妈妈不是来咨询要不要考二中的问题，而是通过咨询，更加坚定让曹同学考二中的决心。直升不顺利，但要凭着坚实的基础，优异的成绩，让孩子考进二中。

妈妈说起曹同学滔滔不绝。生在经济不宽裕的家庭里，曹同学是个懂事、孝顺的孩子。每当新鲜的水果上市后，妈妈都会买了洗好等儿子回家吃。每次吃前，他都会问："妈妈你吃了吗？"

妈妈有点近视，视力不是太好，为了让妈妈少累眼，曹同学只要在家，总是读报纸给妈妈听。

懂事的孩子，总是节俭有加，从不乱花钱。一个考生的形象渐渐地在我面前清晰起来。

顽强的孩子，凭借自己的实力，如愿考入二中，并在二中发展的如鱼得水。高二时担任校学生会主席，领导学生会的 13 个部门开展工作。作为青岛二中校代表队中的二辩，他和他的团队在海峡两岸辩论赛中夺冠，并获得了最佳辩手的荣誉。"他是班里的团支部书记，在班上开设了'学生课堂'，将自己优秀的学习经验介绍给其他同学。他参加了学校的模拟联合国大会、模拟经济峰会，并在北大举办的国际中学生模拟联合国大会上获得过最佳代表的称号。除此之外，他还在初中阶段就通过了书法和国画的十级考试。业余时间曹同学最大的爱好是打羽毛球和泡图书馆，林丹、鲍春来等羽毛球明星是他的偶像。"高三时获得校长实名推荐上北大的资格。

当家长获得该消息后，面对记者提问，说起家庭对曹同学的影响，妈妈认为："最大的是民主的氛围，我们家绝对民主，从曹同学小时候，家里要添置大件，甚至我要买件衣服，都会征求他的意见。"

妈妈表示："作为家长首先要信任孩子，考试分数并不重要，身体和心理健康的孩子才算是健康的孩子。"

每每看到孩子学习压力比较大时，妈妈总是开导他："没必要非得争第一、第二，只要自己快乐就好。"这从曹同学的言谈中也可以得到印证："每次考试前,妈妈都会嘱咐我放松心情,考出什么样都没有关系。”

家长的信任,给曹同学种下一颗种子:“我知道我能行。”

就是在这样的家庭氛围中,孩子成长起来了。

13.3 家长开放日

一年一度的家长开放日,总会在规定时间如期举行。主办者可以是学校组织承办,也可以是学生会等各个学生组织来办。各初中学校参会指标,往往按成绩综合排名分配。与会人员可以是老师、家长,也可以是学生本人,其中不乏学生家的亲戚。会议现场往往座无虚席,之所以热情高涨,关键是想让孩子及早了解二中文化,感悟二中气氛,为孩子将来上学预留选择空间。

周六下午一点半,浩爸浩妈代表何光宇家长与何光宇一起参加青岛二中学校举办的每年一次针对青岛市各中学初中学生的家长开放日。

不难发现,两位参会者是典型的家长“代表”。学生何光宇的参会资格又是怎样得到的呢?

青岛二中近几年在青岛的高中学校中应该排名之首吧,能有机会参加青岛二中的家长开放日,实属有幸,听何光宇讲他们学校只有十个名额,学校的初二学生排名前十的孩子有机会参加这次开放日,何光宇在初二第一学期期中考试级部排名第二名,这孩子不得不让我们羡慕,人家每次考试有的学科不是满分就是班里第一,也不知人家是怎么学滴哈。照浩姑姑讲,这孩子属于不太用功的主,但就是听课质量好,几门副课回来从不看书,像历史考试有时竟然能考满分,我感觉这与孩子喜欢读书是分不开的,何光宇最大的爱好就是喜欢读书,一个暑期与我一起度过,一天中写作业的时间很少,几乎全部用来看书。

来参加会议的“代表”,带着许多问题,有些可能还是疑问,甚至是质疑,想利用有限的与会时间快速找到答案，听这位“代表”接着述说。

听那些孩子读高中大学的朋友讲，只要进了青岛二中，就相当于进了大学的门，而且是重点大学。这次参加了二中学生举办的这次活动，对这些说法也确实得到了些许印证，这次活动的组织者全部是学生自己设计策划的，除了学生会主席与副主席是高二学生外，其他几位学生都是高一的新生，看到他们在台上面对偌大一个会议厅几百号人，讲话流利思路清晰，语言表达能力不是一般地强啊，不得不赞叹人家父母教养有方啊，而且每个孩子都向台下正在读初中的学弟学妹们分析了他们的成长路，那份艰辛那份努力确实值得孩子们学习……

朱彭是这次活动的主要策划者、组织者，作为当年校长实名推荐上北大的唯一人选，他又给与会的学生和家长们留下了什么难忘的印象呢？

我主要想说一下学生会主席的发言，学习会主席名字叫朱彭，他是这样介绍自己的：“我叫朱彭，朱德的朱彭，彭德怀的彭。”（呵呵，这名字起的响亮哈，十大元帅占了两个）刚讲完这句话，会场内响起一阵笑声，先是说了一下本次活动是他们学生会自行组织自行策划的，接下来介绍自己的成长之路，首先讲自己得到过的荣誉，包括怎么竞选学生会主席，得到过什么奖项、三好学生、奖学金等等。接着介绍他直升到二中后开始的学习生涯，2010 年 5 月份，他直升到二中，与其他同学相比，没有参加中考，当然也就无法了解自己到底在同级同学中是什么样的水平。于是，他在暑假中报名参加了物理竞赛学习班还有二中的直升班，两个月的时间他几乎每天只能睡五六个小时的觉，做了 300 多张试卷，早上六点半要坐一个多小时的车去上课，上一天的课下午再坐一个多小时的车回家，基本每晚吃饭后都要七八点了，然后开始复习消化一天所学的内容，高中的课程相对于初中的课程来讲，要复杂得多，对他来讲难度比较大，消化起来比较慢，所以每晚都要学习到十二点一点多，第二天六点起来继续去上课，就这样两个月时间学完了高一全部的课程。正是因为这样,使他在上高一的时候才有时间与精力参加学校的各项活动,但人不是总一帆风顺的,高一下学期考试的时候他的坎就来了,当时数学语文领先他们班第二名40多分,但是英语却考了他们班倒数十名之内,这对他来讲确实是不小的打击。他当时就非常困惑,是放弃自己的学校活动专心学习,还是边学习边参加学校活动,当然后者就要求自己付出很多很多。当时他想自己身为男子汉不能被一点挫折打倒,所以他选择了后者,第二天他拿着自己的英语考卷找到老师,(重点提到英语老师并至以最高的感谢)英语老师看到他的试卷,没有一句打击,而且是帮他一起分析出错的原因,在哪方面需要努力哪方面需要突破,一一做了讲解。他说还要感谢他的父母,当他把试卷拿到父母面前时,父母没有一句批评,只有简单一句话:"继续努力!"所以,在接下来的学习中他每天晚上下了自习课后,拿起书与暖瓶赶紧回到宿舍,用手电筒照着趴在被窝内多看半小时至一小时的书,这时要把自己捂在被子里,不能让光射出来,每隔十分钟感觉呼吸困难了就把手电筒关了,把头伸出来透口气,再捂到被子里继续看书,就这样努力了一个学期,按说成绩应该上去了吧,可是没有,还是不理想。他再次陷入了矛盾中,开始怀疑他是不是学英语的料,但经过又一番矛盾与痛苦挣扎后,还是鼓起劲继续努力,每天做题读书,不会的就查词典问老师,反反复复地做题做题,终于在第三次考试时,成绩上来了,150分的题,级部最高分145分,他考了143.5分,在级部排名第三。他之所以讲这些就是想告诉同学们,遇到问题不要气馁不要灰心,要想办法去努力。

最后这个孩子还讲到一点,我认为很重要,那就是我们活着(学习也好,工作也好)为了什么?他先讲到自己面临参加物理竞赛与学生会工作的选择时,特别困惑,这两项必须选一项,毕竟人的精力是有限的。有一次他去北京参加一项活动,有一位老师(我没记住名字)给他讲了几件事,老师说,人基本的想法都是好好学习,将来考个好大学,找个好工作,挣很多的钱,难道人活着只是为了这些吗?那些生活在高原上的军人,那些搞卫星发射工作的人，那些奋斗在沙漠戈壁滩上的人，他们一年中可能有360天都不能与家人团聚，他们的待遇可能很好，但他们为了什么，难道只是为了金钱吗，还不是为了让我们的国家在世界上能有立足之地，为了国家的和平在奋斗吗！小伙子说的神情飞扬、激情澎湃。最后还告诉同学们一定要多读书，读好书，各个国家的知识都要有所涉猎。

特别是最后提问环节时，有很多家长与同学向这位学哥交流经验，小伙子对各门学科考试总结的那叫一个到位啊，语文主要应关注哪些方面，特别是作文，有几种方法，你想采用哪种，先抑还是先扬，是先埋伏笔还是挑明主题，应该怎么写，一切都是那样游刃有余。特别是有一位女同学提问怎样学好政治？这小伙子更是胸有成竹地说，都说政治不好学，可我真是一个反面人物，我感觉最好学的就是政治。应该有三门科吧，我基本不用看书，分别总结在两张纸上，就那么点内容，要学会融会贯通……

13.4 家长如是说

二中的办学是全方位开放的。开放的范围不仅包括课堂教学，也涵盖学校管理，基础建设，远景发展；既向学生开放，也向家长开放，更面对社会监督。

今天参加了二中的家长会，会上教务处主任和校长分别作了关于二中现代教育理念的讲座，有几点我不敢苟同，说出来跟大家讨论一下。

在关于“未来中国需要什么样的人才”这一话题中，教务处主任举了两个例子，一个是他们访美时了解到的，美国俄勒冈大学一名学业成绩平平的学生后来成了著名体育品牌 Nike 的创始人(我查了资料，应该是比尔·鲍尔曼)，并给自己的母校奉献了大量的捐款。另一个例子是关于一名二中学生的，当年学校尽全力培养他，使他在国际奥林匹克数学竞赛中获得金奖，但这名学生后来发展得一般，只是成为清华大学的一名普通教授。“一名普通的大学教授，能为社会创造多大的价值?”(主任的原话)听到这里，我不理解了,难道只有像比尔·鲍尔曼那样才算是创造了巨大社会价值吗?殊不知社会价值分为有形和无形两种,谁能否认一名大学教师创造的无形的社会价值呢?这位教务处主任本人也是一名教育工作者,你能说你没创造社会价值吗?

在介绍二中的"发展愿景"时,教务处主任说,要将二中打造成"社会各业领军人物的摇篮"。对这个"领军人物"的说法,我也不能理解。我不知道青岛二中自建校以来,共培养了多少位各业领军人物,我知道的是,即使有,数量也非常少。那么,那些没能成为"领军人物"的学生,就是二中教育失败的例子吗?!事实上,现代教育理念越来越趋向"以人为本",它尊重孩子的本性,认为培养心智健康的人,就是教育的成功,而不是以"领军人物"作为教育的目标。即使一棵小草,也有属于它的春天,即使一名平凡的工人,也有着属于他们的柴米油盐酱醋茶的幸福。一味地引导孩子眼高于顶,追求社会意义上的"成功",而忽视孩子天性的发展、心智的健康,这样的教育理念,合适吗?

校长的讲座中所介绍的他这些年来在教育实践中摸索出来的教育理念,大部分我都赞同,认为体现了一位新时代教育管理者的眼界和境界。但有一点我觉得有些自相矛盾,校长希望家长能放手,锻炼孩子的自主能力,说"拼爹的时代又能持续多久?"这是在谴责"拼爹"这一社会现象了。但据我所知,二中每年750名新生,除了那些凭着实力裸分考进去的,其余的(包括某些直升生)又有多少不是"拼爹"拼进去的呢?!从这点来看,校长的倡议,有些苍白了。

时间关系,就说这些。没别的意思,我是一名二中家长,真心希望二中能成为一所体现真正现代教育理念的名校,惠及大众。欢迎大家讨论。

跋

在教书育人的多彩世界里拨动心灵的琴弦

——记山东省特级教师于世章

本刊特约编辑、青岛市黄岛区第三实验小学　曲振华

《青岛教育》杂志“教职人生”栏目想选二中一位教学一线的省特级教师做一期专题，校领导把任务安排给我。

杂志社要求：专题的内容可以是老师自己写，也可以由擅长写作的老师写，由这位老师提供素材，谁撰稿署谁的名字。字数5000字，全面反映老师的专业成长历程，文学性强一些，报告文学题材。

短短的几行字，要求很高，对于一个教数学的老师来说，哪会写文学性强且是报告文学题材的文章呢？没办法只好按要求中的后者执行，自己提供素材，由写作能力强的老师完成写作。

没想到，素材提供时间不长，《青岛教育》杂志“教职人生”栏目特约编辑、青岛市黄岛区第三实验小学曲振华老师就拿出了作品。

在背依崂山、南临黄海、风景秀丽的青岛二中，有一位从教30余年、如邻家大叔一样朴实而亲切、充满诗意和文学情结的数学教师，他就是山东省特级教师、山东省优秀教师、山东省课程团队专家、青岛市专业技术拔尖人才于世章老师。

学生们说，能让于老师教那真是一种幸福！于老师身上的魅力，源于他的一言一行就像细腻的触角，伸进了我们内心最柔软的地方，让我们浑身都熨帖都舒服。同事们说，哪怕是抽象的数学知识，深奥的教育理念，于老师都能用形象生动的文字将之描绘，让它们变得亲切可感，亲近可人。指导青年教师、莅临报告现场、当远程研修专家、与外教同课异构……他的经历和

感受都能凝聚成一首首小诗、一篇篇散文,短暂的思维火花幻化成永恒的瞬间得以停留于笔端,点亮着自己,也温暖着走近于老师的幸运的人们……

铸梦——让自己在执着潜行的学习磨砺中成长

1983年,于世章毕业于曲阜师范学院数学系。毕业后,他满怀教育激情和梦想,主动响应号召,到了一所农村中学任教。当时的学校没有给刚毕业的新教师安排师徒结对式的帮扶或沃土工程肥沃土壤的孕育。但是,凭着青年人的激情和对教师工作的热爱,他广拜师傅,不仅拜长者,也拜同龄人;不仅拜同学科的,也拜其他学科的老师为师。一有时间,他就走进其他老师的课堂虚心学习,利用一切可利用的机会向他们讨教。

听说张老师不仅普通话说得好、人长得帅气,而且还有一手不借助画图工具,就能在黑板上徒手画优美几何图形的硬功夫。征得张老师的同意,于世章走进了张老师的课堂,果然如传说的一样令人眼前一亮。听说李老师刚从外校调进来,代数教得顶呱呱,于世章就主动和李老师套近乎,给他端茶倒水,帮他打饭跑腿。慢慢地,他成了李老师课堂上的编外学生。不仅在校内这样做,在校外也是如此,他从不放过任何一个对自己专业有益的学习机会。

就是在这样的平台上,于世章开始了自己的专业追求。为了上好一节市级优质课,他曾经不厌其烦地进行过近十次试讲,课堂上什么时间讲哪句话、哪个环节提问学生、每个环节需要多长时间、各环节怎样串联起来、用什么样的过渡语等都铭记于心。最让人担心的是提问环节,因为学生回答问题带有很大的不确定性。为避免意外出现,他就将所提问问题的各种可能答案都罗列出来,做了一个预案,以备不时之需。一遍又一遍地试讲,连自己都大倒胃口,更不用说屡次被邀请到场、帮着提建议的老师了。

“千锤百炼”而成的优质课,自然是功德圆满,取得了理想成绩。回首当年这节课的付出,于老师依然历历在目、感慨颇深,他说:“说自己有天分,那绝对是言过其实,要说比较勤快、愿意付出、乐意接受新事物,倒是名副其实。回头想想，一路走来，就是一节节不起眼小课的打磨、一次次反思的沉淀，才使自己今日的课堂得心应手。一节优质课算不得的什么，但却让人记得刻骨铭心，因为它是自己教学技能提升的里程碑似的一个结点。”

为了让学生喜欢数学、爱学数学、会学数学，他不断提高自己的课堂教学水准、调整自己的教学行为，在不断积累的基础上，逐步形成了自己的教学风格，也形成了他自己的教学理念：

“汲取广博的知识，为教学工作铺路架桥，这是不竭的源泉；用智慧和爱心去点燃学生的梦想，和学生一起充满信心地放飞未来，这是圣洁和纯真；关注个体尊重所有，携手并肩达到完美的境界，这是我的祈求；精益求精上好每节课，让学生在动手和动脑中学到知识，这是开放教学的硕果；公正严明创造宽松和谐的学习环境，使学生在良好的氛围中体会成功，这是我的必须；面对教学、育人、科研没有别的选择，我将义无反顾地走下去。”

多年来，这个理念时时警醒、指引于老师在浮躁的氛围中保持从容的心态，多一份严谨和研究的渴望，在教学、育人、科研上勇于接受挑战、不断创新。他告诉自己：方向明晰了，就要全力奔跑，就算不能超越别人，起码能享受自己的改变，这就是一种精神。既然选择了做教师，就应该崇尚这份职业，即使上升不到信仰的层次，起码应该为此付出极大的热情。在自己选择的道路上，不苛求成功，但必须成长！

有了这样的认识，于老师不再将自己的成长仅仅停留在上好一节课上，他开始踏上了以课堂为阵地，以课题为抓手，以学习、反思、实践和写作为习惯的成长之路。

每晚睡觉前，于老师总是信手拈来一些书籍杂志，浏览一些短小的文章，即便是已经多次阅读过的内容，也是感觉历久弥新。仿佛唯如此，觉才睡得踏实、香甜。放在他案头的书刊“杂乱”，不是说摆放不整齐，而是各类专业、非专业的都可能成为他的“伙伴”。他翻阅较多的刊物有《教育文摘》《中国教师》《读者》《意林》《中国数学教育》《中学数学杂志》等等。他如饥似渴地阅览书籍、报刊,从中增长智慧、找到灵感、寻找答案,闭目沉思,将读书和教学过程中的点滴感悟敲成文字,撰写教学反思和教科研论文,试图造一面鉴行之镜,敦促自己不断前行。刚开始对自己的作品很不满意,他会毫不犹豫地撕掉从头再来。就这样一遍又一遍地"作品解析",一次又一次地痛下杀手,功夫不负有心人,终于有一天看到了自己的铅字作品。也就是从那一刻起,一种写作的冲动伴他左右,并坚持至今。

课题研究也经历了一个过程。当初他并不知道课题是何物,更不要提写课题报告和实验方案了。刚开始时,只是带着一种好奇,参与到其他老师申报的课题研讨行列中,由于自己不是主角,也就不太在意课题研讨的真正意义所在,只是课题组长要求做什么、怎么做,他一切都是认真照办。但虽是不经意间参与其中,却也感受到做课题研究的不易,这为日后独立做课题提供了帮助。到现在为止,他已先后申报多项国家、省、市级科研课题,并担任多个课题的课题组长,且部分课题已经结题,多项课题成果获奖,在科研工作的道路上迈进了一大步。

追梦——让学生在诗情画意的数学世界里出彩

作为青岛二中教学专家、数学教研组长,于老师多年来一直坚守在教育教学工作的最前线,他坚持将整个课堂教学变成学生思维活动的有机体,用MM的教学观点去解剖课堂,把教学与学习、与研究融为一体,让学生在学习中探究,在探究中学习,他较好地诠释了MM教学、学习和研究同步协调原则,他以一胜多,举一反三,给数学学习注入了生机和活力,在这种潜移默化中养成学生的创新学习品质。让学生上"有诗意的课"、上有"味道"的课,让学生在诗情画意中学数学,收获理性和艺术之美的和谐育人价值,已成为于世章老师独特的教学风格。

以记忆三角函数在各象限的符号为例,于老师的诗歌可谓朗朗上口,化繁为简。"正弦一二全为正,余弦一四情独钟,正切一三弄倩影,各展妩媚为谁红?"为培养同学们的发散性思维,于老师在课堂结束前总会用诗歌或者对联来总结课上内容，“三角函数名不同，坐标比值却得宠。符号跳跃各象限，任意角间觅影踪。”如此优美的诗歌竟然出现在了枯燥无比的、愁白几多少年头的数学课上。语言精致，却将课堂所学数学知识与诗歌糅合在一起，真难以相信这些文字竟然出自一位数学老师之手！

学习“椭圆”一课，在充分操作、观察、比较、想象的基础上，耳濡目染的学生迸发思维的火花，在课堂小结时随口吟出“青山青，青山是山；椭圆椭，椭圆非圆”的对联。此对联一出，全班掌声如潮，赞声啧啧。该对联不仅对仗工整，而且道出了椭圆与圆的区别。更有学生才子，能在一首长诗里嵌入“在平面里到两个定点距离的和等于定长的点的轨迹是椭圆”这个“椭圆”定义，实在令人惊叹不已。

由于数学内容的类比性和延续性，在后续讲授抛物线内容时，同学们很自然地站在人文的角度去审视双曲线，当于老师在投影上投出一段彩虹的影像时，有同学脱口而出“抛物线，像彩虹，七色玉带挂苍穹”的妙语。当投影出抛物线形的桥梁时，有同学即刻吟出“抛物线，似桥梁，饱学之士竟畅想”的佳句。正所谓有其师必有其徒，

细细想来，人们为什么喜欢音乐？因为它有优美和谐的旋律。人们为什么喜欢图画？因为它描绘人和自然的美。其实，人们同样应该喜欢数学，因为它像音乐一样的和谐，像图画一般的美丽。如果我们的数学课堂教学在传授数学知识的同时，融入一些人文色彩，增添一些诗情画意，那么，我们的数学课堂将变成活跃的、开放的、令人期盼的课堂。

圆梦——让光彩在波澜壮阔的课改实践中绽放

2001年，仅凭《中国教育报》上的一则招聘广告，于世章老师就从全国几百名应聘教师中脱颖而出，走进了青岛二中。人生中会有很多起点，于老师说，走进青岛二中就是他人生的一个新的起点。10多年来，在青岛二中这个优秀的群体中，他享受快乐、感受温馨，在领导、同事的帮助下，一步步成长起来、成熟起来，铅字作品越来越多，获奖证书越摞越厚，先后被评为“山东

省特级教师”、“山东省优秀教师”、“青岛市专业拔尖人才”……每每看到这些,他已没有了往日的喜悦,年轻的激情消逝在轮回的年月之中,留下来的只有淡淡的思、从容的行。

于老师经常在想:作为一线教师,应该更关注什么?教育的核心又在哪里?教学的目的仅仅是为了升学吗?怎样才能明晰自己的发展方向,规划自己的专业设计,探索自己前行的育人之路?

“做教师,尤其是做一名优秀的教师,不仅是能够把自己的课讲得漂亮,让学生如痴如狂,而且能够坚持不懈地思考,把那些感性的教育‘碎片’进行加工,梳理自己的教育思想,把隐性的教育经验显性化。”在校长孙先亮的启发、鼓励下,于老师开始将教学过程中的平常“小事”,课堂上的火花闪现,师生间的趣闻轶事,同事们的孜孜以求,美丽校园的切身感悟,自己的人生观点进行梳理,写成一篇篇短文,串成一个个故事。从《教育是无意中的有心》,到《在“小家”中成就“大家”》,从《梦中的精神王国》,到《不断尝试后的彩虹》,从《课堂呼唤童言无忌的回归》到《数学课也应充满诗情画意》,从《又见一群耕耘人》到《数学思想的激情燃放》,从《走进哈佛大学》到《回忆着的甜》,每篇文章尽管文字不是很长,却能揭示教育现象,在给人留下回味的同时,也留下研判思考的空间。

因为有了细水长流式的记录,于老师很快就整理出 18.3 万字的文稿来,从一位数学教师的视野,思考教师教书育人的职业使命,审视教育人生,透过现象揭示教育的本质,阐释了“无声之处皆教育”的观点。不久,在青岛市教育发展基金会的资助下,于世章老师出版了自己的第一本专著——《在学生的心灵中旅行》。刘杰先生亲自为这本专著作跋——《教的是学问,做的是德行》,并给予“这是教书育人嵌入骨质后的又一次诞生”的高度评价。

省特级教师,加上教育专著的出版,将于老师推向了又一个新的高度。但他始终坚定地认为,他的成长得益于青岛优秀的教育环境,得益于青岛市教育局各级领导与专家的厚爱与支持,得益于青岛二中这片沃土的孕育,得益于学校领导长期的关心，得益于同事间的无私帮助，更得益于二中优秀学子的孜孜以求。因为，选择二中，就是选择了“富于创新、终身发展”的人生。近年来，在学校开展的特级教师“创意课堂”活动中，他带头催生了众多教学、科研成果。凭借多年的积淀，2013 年，他从众多的名优教师中脱颖而出，被评为正高级教师。

一位网名“缘分的天空”的学生在于老师博文后跟帖：于老师，您的著作《在学生的心灵中旅行》一书，我虽然还没来得及拜读，但已十分渴求。回想跟您高三那一年，我确实对数学产生了浓厚的兴趣，填报志愿时，毅然选择了山师数学系，并如愿以偿！毕业后，我被分配到母校，加入到您的团队。第一次跟高三的那一年，是我进步最快的一年。那一年，我不知听了您多少节课，学了多少知识。那年高考，我班一学生的数学成绩高达 142 分；这是老师您的功劳！

回想我从 1996 年毕业，一直到于老师离开菏泽的几年，我学到了很多很多。如今，于老师您在青岛，虽然我不能再像原先那样当面向您请教，但也时常关注您的博客，有时留言，有时走过，时刻不忘向您学习！

是啊，这样的老师真的值得我们学习、追随——全国模范教师，山东省特级教师，山东省优秀教师，山东省课程团队专家，山东省数学会初等数学研究会常务理事；青岛市专业技术拔尖人才，青岛市中小学教师培训专家讲师团成员，青岛大学师范学院硕士生导师；国家级课题“手持技术与数学新课程整合”青岛试验区领导小组副组长、课题组组长，青岛市教育科学“十一五”规划研究课题“数学变式教学法研究”课题组组长，青岛市教研室中心组成员、青岛市兼职教研员，青岛二中数学教研组组长；教育部中学数学实验教材研究组优秀实验教师，全国中小学教材审查专家库学科审查专家，全国数学方法论哲学委员会副秘书长，全国数学方法论“MM”研究会常务理事。著有《在学生的心灵中旅行》一书，是三部论文集的主编，在国家级、省级刊物上发表教育教学论文 30 余篇。可以说，每一个称谓里都是于老师的辛勤付出、智慧和努力的结晶!

面对成绩和赞美,于老师时刻保持着清醒的头脑。他在博文《不为赞美所惑》中这样写道:现在想想,所做的工作都是不起眼的事情,无外乎将平常的一些琐事稍加整理;将习惯成自然的事情,换个角度重新审视加以升华;将别人还在埋怨的事情写出来并提出自己的观点;每次参加活动都抱着学习借鉴之心,写出自己的反思;每次上课、听课、评课,总是及时地加以梳理;每次阅读总是深入思考书中的观点,一旦撞出火花,即刻落笔求证;生活中总有许多值得玩味的事情,如果做个有心人多观察多思考,一定会有新的感悟,这就是我做的小事情,坚持不懈,如此而已。

做老师不易,做有心的老师尤其难。就拿学生让我参加她的成人礼来说,学生发出邀请,老师一口回绝也无不可,可一种责任心容不得我下这样的决心,但又确实不能参加,两难的境地中,写出了《教育是一种祝福》一文。

一个诞生,当然值得庆贺,但不会被赞美所惑。既然有了处女作,自然还有期待。

长期的积淀,使于世章老师有了一种顿悟,教育不就是一种提醒吗?教育的目的不就是为了发展人,为学生的终身发展服务吗?教育是心与心的交融,教育是一种态度,教育是一种期待、一种激励,教育更是一种欣赏。教育没有想象的那么复杂,教育就这么简单,把简单的事情做好,有利于学生成长的就是教育。

教育理念就像一根"魔棒",将黑白世界变成多彩的奇妙世界。于世章老师带着一颗对教学细节的敏感心和一颗对学生终身发展的责任心,从创新中发现教师这一职业的乐趣,用爱心和艺术拨动学生心灵的琴弦,实现心与心的交融,在教书和育人的实践中用优美的诗情画意和优雅的文学情怀启迪学生的智慧成长。

(原文刊载于《青岛教育》)